はじめに

いささか古い話で恐縮だが。

高校時代、友人が最中を「モナカ」と読んだ。教師の、お前は「モナカ」が好きだからなあ、に一同爆笑。そういえば確かに、モナカの箱、袋に「最中」とある。あれから幾年、「モナカ」を食べるたびに彼を思い出す。

かつて国会審議で追加予算を「おいか予算」と読んだ議員がいたことが、今や語りぐさとなっている。またあくまで仄聞ではあるが、ある看護婦（師）が伊達さんを「イタチさん」と呼んだとか、某アナが、「一矢を報う」を「イチヤを報う」、「生憎の雨」を「ナマニクの雨」と読んだとか、その種の誤読の話題は枚挙に遑（いとま）がない（あなたも人のことは笑えないですよ）。

そこで、いかに間違った読みや、思いこみ、あるいは烏鷺（うろ）おぼえが、今日流布蔓延（るふまんえん）しているかを、検証しようと、自らのレッスンを兼ねて編んでみた。

さて早速、最中は、と調べてみて驚いた。

なんと「最中」は「もなか」と読むのが正しいのだ。古語では「もなか」は、物事の中心、真ん中、もっとも盛んなこととある(今宵ぞ秋の〜なりけり)。また、最中の月として、満月をあらわしていることも。実は食べ物の「モナカ」は、この満月に似せて作られた商品なのだった。ということは四角い「モナカ」はないはずなのだが?

長年のナゾは氷解したが、それが誤読でなかったのは、今は聊か面はゆい感がする。

◇

かくして、私たちがいかに誤読、烏鷺おぼえ、勘違いをしていたかを、まずはモニターほどではないが、何十人かに、五百語近い漢字、熟語を読んでいただいた。

答えは、予想したものとなった。予想したというのは、必ず引っかかる語、つまり「誤読の定番」が、見事抽出されていたのだ。別段ランキングはないが、言質、相殺、凡例、弛緩、一入あたりはまずトップテンに入るそれであった(答えは本文で)。

決定的なのは、副詞、接続詞や動詞。たとえば、「強ち、只管、頗る、夙に、集く、戦く、糾う」。大半は読めなかった。かなり以前から、これらは「開く」(ひらがなにする)、またルビ(ふりがな)をふるようになったからか。たしかに漱石や藤村、鴎外の名作が、読みやすくなったのは確かだが、ただ今度は当時のものが読めなくなったのは間違いない。

第二章、三章では、読みを重視した。読みにくい語にルビを振るつもりで読んでください。もちろん意味も理解されれば、いうことはない。

読めそうで読めない間違いやすい漢字

誤読の定番から漢検1級クラスまで

出口宗和［著］
Munekazu Deguchi

二見書房

第四章は、読めるだけでは、楽しくない。みんなに自慢しようの「859語」だ。絶対に、自慢できる「代物」だ。

漢字の読解力を検定する、日本漢字能力検定試験（漢字検定）には、8級の小三程度の教育漢字から、約六千字を網羅する超難関の1級まである。1級（準1級）は頗る難解である。もちろん読みだけでなく「書き」もある。とても太刀打ちできるほどヤワなものではないが、ぜひ挑戦してほしい。なお本書の内容は、その入口で「うろうろする程度」だと理解されたい。くれぐれも入口で引き返さないように。

参考資料は厖大を極めたが、なにより「広辞苑」首ったけが、本音。誤りがあれば、小輩の浅学菲才の致すところ。よろしく看過されたし。

最後に、本書編修に不幸にも携わった岩本道子さん、梅田幾夫さんの、その阿修羅のごとき形相に魘（うな）されつづけた日々を愛おしく思いつつ、両氏に重ね重ね感謝するものであります。

出口　宗和

もくじ

なぜ誤読が生まれるのか――漢音と呉音、それに宋音　158

第一章
恥をかかないための入門編　17

誤読の定番　19

壱　反古／塩梅／工面／愛弟子／遵守／施行／雑言／脆弱／解熱／相殺／言質／杜撰／気配／錚々たる／成仏
弐　華奢／悪寒／境内／奥義／凡例／罹災／石女／直截／内裏／女犯／一入／流布／病葉／台詞／方舟
参　完遂／饒舌／手水／初産／仮病／糊口／産湯／陶冶／侍女。市井／目深／他人事／遊説／還俗／花街
肆　椿事／三昧／生抜き／弛緩／確執／生蕎麦／一矢／入水／逝去／乳離れ／一途／花押／頌春／刺青／傾城
伍　白夜／時雨／忖度／独擅場／敵討ち／剣呑／前場／塔頭／亡者／婉曲／外道／更迭／号泣／素性／猛者
陸　回向／香具師／小兵／蛇行／慮外／終の栖／気質／合点／声色／手向け／生憎／長閑／愛敬／隠忍／柿おとし

もくじ

漆 黒白／狭間／角逐／譴責／功徳／鹿威し／無聊／大地震／常夏／開眼／破綻／有職／行脚／建立／進捗

捌 懸想／雄渾／殺生／縊死／因業／一見の客／衣鉢／会釈／柔和／強面／固唾／獅子吼／従容／灰燼／快哉

玖 散華／所望／虚空／軽重／口吻／礼賛／勤行／呵責／残滓／上梓／逆鱗／法度／鷹揚／吹聴／支度

拾 権現／憔悴／防人／赤銅／福音／呂律／遊山／日和／築地／斟酌／出来する／狼煙／補填／漸次／白湯

拾壱 佇立／欠伸／凄絶／山車／細雪／三行半／木霊／猪口／十八番／界隈／訃報／発端／剽軽／無碍／心太

拾弐 求道／貪婪／総帥／頒価／律儀／戯作／夜叉／灰汁／健気／如才／訥弁／溌剌／生粋／碩学／御大

拾参 教唆／白眉／怯懦／仕業／漁火／凋落／希有／許嫁／浚渫／衷心／時化／潤沢／点前／恬淡／鍍金

拾肆 寸胴／団塊／寸借／慚愧／暢気／火宅／弥縫／懊悩／嗚咽／下野／稗史／黄泉／煩悩／調伏／哄笑

拾伍 箴言／猊下／端倪／断食／刃傷沙汰／順風満帆／大山鳴動／馘首／揣摩憶測／会者定離／運否天賦

拾陸 乳母日傘／丁々発止／片言隻句／温州蜜柑／一期一会／三位一体／傍目八目／不惜身命／人身御供／不撓不屈／人事不省

違いの法則 51

1 字は似ているが意味が違います

爪と瓜／廷と延／巳と己と已／嫡と滴と摘／隠と穏／候と侯／享と亨／微と徴／悔と侮／送と迭／刺と剌／漸と暫／弊と幣／衝と衡／戊と戌と戍／嬌と矯／師と帥／遣と遺／萩と荻／塔と搭／壁と璧／活と恬／貧と貪／損と捐／斉と斎／治と冶／籍と藉

2 読みは同じだが意味が違います

異常 異状／移動 異動／偉容 威容／運漕 運送／英知 叡智／伯父・伯母 叔父・叔母／恐れ 畏れ／回答 解答／苛酷 過酷／監査 鑑査／観察 監察／鑑賞 観賞／既成 既製／共同 協同／脅迫 強迫／採決 裁決

／最後　最期／修正　修整／振動　震動／侵入　浸入／整形　成型／製作　制作／体制　態勢／追求　追及／同士　同志／特徴　特長／悲運　非運／編集　編修／保障　保証／野生　野性／遊戯　遊技

3　字は同じだが読みが違います

追従／評定／身代／変化／上手／気骨／造作／後生／好事／能書／末期／利益

さて、この漢字の部首は？　65

甄・瓱・甍・瓶／医・区・匹・匿／臾・舅・學・興／幀・帚・市・師／黻・黼／肆・肇・書・粛／韜・韓／斟・斡・魁・料／弁・弄・廿・彝／皺・皷・皰・皸／屁・屓・尹・履／麩・麺・麹・麭／殷・殼・殴・殺／虔・虒・虜・彪／影・彦・鬱・彭／讋・聾／凱・凪・処・凡／疎・疑・楚・胥／飲・歔・欲・歌／邕・鬱／發・登・癸・発／兌・兆・児・競／翳・翔・翰・翠／像・豚・豪・象／黔・墨・黛・黶／辟・辣・辜・辞／罐・罎・罍・罅／式・弑・貳・弐／耜・耡・耗・耕／劉・分・券・初／原・歷・曆・厨／貌・貘・貉・貂／覆・覇・要・賈／農・辱・辰・蜃／肛・膠・脊・胤／靭・鞴・鞭・鞏／戮・截・我・戊

あて字とわかっていても厄介　67

嫡々／不貞不貞しい／蒲魚／果無い／お侠／覚束ない／不束／篦棒／気障／猪口才／自惚れ／五月蝿い／寸々／有耶無耶／態態／二進も三進も／素見し／腹癒／巫山戯る／北叟笑む／我武者羅／伸るか反るか／小忠実／継接／点々／只管／心寂しい／幼気／徒や疎か／正面／吃驚／瓦落多／心算／生憎／手薬煉／竹篦／没分暁漢／鯔背／固唾／転寝／突慳貪／阿婆擦れ／宿酔／悄悄／囈語／可惜／驀地／翻筋斗／鱈腹／弥立つ／盗汗／胡散臭い／余所見／外連／怖気／押合い圧合い／呆気ない／形／木偶坊／若気た／素寒貧／梃子摺る／為体／首途／為人／浅墓／強請る／依怙地／洒落臭い／大童／不成者／雁字搦め

第二章

読めます、解ります研究編 79

漢検1級への道 音編 81

畢竟／炯眼／忌憚／鞭撻／隠匿／賄賂／永劫／比喩／流暢／間隙／蓬髪／驕傲／顛末／啓蟄／穎才／救荒
邁進／封緘／象嵌／瘋癲／黜陟／慳貪／驥尾／暖簾／健啖家／慟哭／刀自／謦咳／痙攣／既往／猖獗／車軸
悋気／瞋恚／韜晦／看経／咀嚼／宸翰／糟糠／浩瀚／翩翻／桎梏／慷慨／乖離
情誼／落胤／俚諺／陋劣／晩餐／坩堝／憂鬱／罵声／汪溢／遊弋／鎬／社禝／慇懃／刮目／軋轢／曳航
忸怩／濫觴／蒼氓／眷属／警邏／籠絡／霹靂／詭弁／磊落／諧謔／紅蓮／憐憫／捏造／双眸／蠱惑／怨嗟
肇国／荊冠／瀟洒／固陋／瑕疵／晦渋／股肱／膾炙／紐帯／補綴／糊塗／誰何
麻痺／忍辱／錯綜／流謫／恤民／烙印／顰蹙／咄嗟／狭窄／燦然／懸崖／苫屋／暗渠／放蕩／僻陬／浩然
吶喊／味蕾／間諜／蘊蓄／熾烈／鐚銭／含羞／荏苒／散佚／驟雨／相伴／矍鑠／研鑽／充填／瑞祥／正鵠
敷衍／鞫問／稠密／懺悔／猥褻／拿捕／蛾眉／旦夕／汎用／匍匐／創痍／螺旋／耄碌／焙煎／駘蕩／対峙
傀儡／恩讐／揺籃期／殺戮／馥郁／駿馬／聳動／草莽／颯爽／偸盗／鳩首／贖罪／稀覯本／半可通／諒闇／僥倖
玩弄／衒学／悉皆／垂涎／鉄漿／逼塞／贔屓／検校／使嗾／蓋然／阿諛／蹲踞／弑逆／改竄／奸佞／葷酒
蝟集／陥穽／閨房／輻輳／容喙／嚆矢／偃武／知悉／暴戻／花卉／悔悟／膠漆

もくじ

周章狼狽／三百代言／秋霜烈日／衆人環視／蟷螂之斧／昼夜兼行／明眸皓歯／閑話休題／髀肉之嘆／遼東之豕／鎧袖一触／一陽来復／苛斂誅求／玩物喪志／旗幟鮮明
軽佻浮薄／眼光紙背／堅忍不抜／一病息災／鬼哭啾々／一意専心／君子豹変／一知半解／八紘一宇／夜郎自大／鴛鴦之契／経世済民／門前雀羅／斎戒沐浴／右顧左眄

漢検1級への道　訓編　109

竊かに／妄りに／微かに／頑に／具に／序に／偏に／夙に／俄に／忽ち／懇ろに／等閑に／疾っくに／詳らか／宛ら／況や／徐に／恣に／蓋し／専ら
強ち／雖も／吝か／仮初め／屹度／聊か／努々／然したる／終ぞ／率爾ながら／抑も／苟も／仄々／粗方／略／迚も／殆ど／概ね／就中／砌
漫ろ／数多／挙って／恙なく／嫋やか／宜なるかな／仰けから／目眩く／太々しい／歪な／頗る／煌めく／恭しく／扨措／烏滸がましい／艶やか／拙い／夥しい／疚しい／
集く／拵える／塗す／噦ける／燻る／啀みあう／手懐ける／捏ち上げる／屯する／疎んじる／廃る／滾る／竦む／勤しむ／購う／媚びる／焦らす／銜える／括る／蹲る
訝る／誑かす／拱く／阿る／戦く／毟る／騙る／囀る／育む／貶める／諍う／蹌踉めく／怯える／扱き下ろす／熟す／靡く／挫く／擱く／滴る／糾う
零れる／唆す／設える／肖る／労る／穿つ／宥める／顰める／遣る／繙く／嗜む／誇る／喊ぶ／劈く／雪ぐ／蠢く／誦ずる／詛う／論う／撻ます

漢検1級への道　超難読編　121

輸贏／膳羞／剔抉／羸痩／跼蹐／彝典／牴牾／炎燠／伉儷／轗軻／搔爬／弭兵／坡下／薈蔚／榾柮／雋茂

鞦韆／遏雲／艨艟／甎全／緝綴／侑食／齧歯／扛鼎／陋僻／曩日／蒼蠅／徼冀／攢蹙／邃曉／荼薺／鹵簿

第三章 知ってなるほど漢字漢語の知識編

125

読むだけじゃなく意味も考えよう 127

断腸／華胥の国／白波／庠序の教え／乙夜の覧／未亡人／牛耳る／断袖の契り／黔首
和氏の璧／盟神探湯／越俎の罪／顰に倣う／驥足を展ぶ／盈満の咎／匪躬の節／推敲／会稽の恥
牝鶏の晨す／解語の花／判官贔屓／折檻／葦巣の悔／月旦／頤を解く／一丁字なし／黔驢の技
独眼竜／轍鮒の急／一衣帯水／壟断／大椿の寿／巫山の夢／泰山北斗／小人閑居／左袒
兵は詭道／期頤／肯綮に中る／椽大の筆／藐姑射の山／舐犢の愛／輾転反側／名伯楽／充閭の慶
独活の大木／野合／白川夜舟／破天荒／嚢中之錐／髀肉の嘆／骸骨を乞う／蒲柳の質／芝蘭の化
鳥なき里の蝙蝠／美人局／猛虎苛政／椒房／笈を負う／跋扈／滄桑の変／梨園／閾が鴨居
既往は咎めず／死灰復た燃ゆ／赭衣道に半ばす／危急存亡の秋／殃池魚に及ぶ／銅臭を嫌う／綸言汗のご

もくじ

とし／沽券にかかわる
中原に鹿を逐う／乃公いずんば／綺羅星の如く／まず隗より始めよ／万事塞翁が馬／蓼食う虫も好きずき／蝸牛角上の争い／昔執った杵柄
被馬鞭捶を恐れず／沐猴にして冠す／古女の歯軋り／獲麟／艱難汝を玉にす／夙に興き夜は寝ぬ／六宮の粉黛顔色なし／辣韮食って口拭う／
尺牘は千里の面目／万緑叢中紅一点／人生七十古来希也／九仞の功一簣に虧く／羹に懲りて膾吹く／阿漕の浦に引く網／睚眦の怨、必ず報ゆ／鬢糸茶烟の感あり／
傾城に誠なし／学を曲げて世に阿る／鷸の嘴の食い違い／角を矯めて牛を殺す／栴檀は双葉より香し／巧遅は拙速に如かず／梁上の君子は是なり／盲亀の浮木、優曇華の／
父の讐は倶に天を戴ず／庇を貸して母屋を取られる／過ちを改むるに憚ること勿れ／禍福は糾える縄の如し／勧学院の雀は蒙求を囀る／燕雀安んぞ鴻鵠の志を知らんや／惻隠の心は仁の端なり
あの声で蜥蜴食らうか時鳥／窮寇には迫ること勿れ／窮鼠猫を噛む／老いては麒麟も駑馬に劣る／天網恢々疎にして漏らさず／以て饅頭と為す／収斂の臣あらんより、寧ろ盗臣あれ

漢字と漢語の違い　155

1　意味が全く反対のこともある
勉強／多少／迷惑／馳走／喧嘩／左右／遠慮／人口／稽古／故人／披露

2 意味はもちろん、読みも違う
浮世／淋／一人／人間／青山／嵐／粟／百姓／大人／咄／境内／偲

もくじ

第四章 読めれば楽しい漢字859

第四章 読めれば楽しい漢字859 159

魚偏の魚 鮪／鮟鱇／鯡／鰆／鰍／鮗／鰤／鱚／鮴／鰺／鰌／鯰／鰰／鮫／鯱／鱵／鱧／鱸／鯊／鯖／鯔／鰈／鮃

魚偏じゃない魚 秋刀魚／梭子魚／柳葉魚／氷下魚／旗魚／香魚／公魚／虎魚／細魚／松魚／玉筋魚／石首魚／石斑魚／翻車魚／竹麦魚／眼張／鮎魚女／黍魚子

水生生物 烏賊／章魚／河豚／膃肭臍／海豹／海馬／海鼠／海象／海豚／海驢／海鞘／海扇／海月／海星／海栗／海松／水雲／田螺／浅蜊／栄螺／醤蝦／沙蚕／蝦蛄

鳥偏の鳥 鶉／鴇／鶺鴒／鵲／梟／鳶／鸚鵡／鶲／鴛鴦／鵬／鵺／鶸／鸛／鴻／鵞鳥／鴫／鶚／鸞／鵯／鶫／鵜鶘／鳰／鶯

鳥鶏雀… 雲雀／小雀／水鶏／軍鶏／信天翁／四十雀／山雀／金糸雀／矮鶏／孔雀／翡翠／木菟／木葉木菟／啄木鳥／熊啄木鳥／時鳥／善知鳥／百舌／鸚哥／斑鳩／書眉鳥／椋鳥／十姉妹

昆虫と両生類、爬虫類 瓢虫／斑猫／天牛／蝸牛／水馬／椿象／飛蝗／邯鄲／蜉蝣／浮塵子／孑孑／蟋蟀／蟷螂／蚯蚓／蛞蝓／蚰蜒／蟾蜍／蜥蜴／壁蝨／蜚蠊／蜈蚣／蟒蛇／蝦蟇

哺乳類に爬虫類が二つ 熊猫／樹懶／麒麟／馴鹿／箆鹿／狒狒／猩々／貘／貂／冬眠鼠／狢／驢馬／羚羊／鼬／蝙蝠／鼈／羆／浣熊／土竜／獺／玳瑁／駱駝／狆

もくじ

木樹林森 樅／馬酔木／楊梅／公孫樹／栴檀／山毛欅／木斛／百日紅／枸橘／仙人掌／槐／木槿／海石榴／棕櫚／寄生木／翌檜／山査子／楡／接骨木／五加／落葉松／椴松／木瓜

花葩芳樹 竜胆／金鳳花／忍冬／金盞花／躑躅／満点星／秋桜／金雀児／沢瀉／山茶花／鬼灯／合歓／金縷梅／海棠／石楠花／罌粟／沈丁花／木犀／凌霄花／辛夷／紫陽花／梔子／女郎花

花木草色 杜若／酢漿草／撫子／靫葛／菖蒲／向日葵／葵／含羞草／芍薬／紫雲英／菫／芙蓉／勿忘草／鴛鴦菊／蒲公英／連翹／車前草／薊／吾亦紅／竜舌蘭／浜木綿／狗尾草／万年青

花実木実 檸檬／石榴／茱萸／茘枝／枸杞／酢橘／棗／無花果／通草／杏子／柚子／毬栗／胡桃／花梨／椪柑／枇杷／団栗／銀杏／桜桃／橡／木天蓼／李／茴香

野菜根菜葉菜果菜 豌豆／大角豆／刀豆／蚕豆／糸瓜／胡瓜／南瓜／冬瓜／甜瓜／干瓢／牛蒡／青梗菜／衣被／玉蜀黍／独活／蒟蒻／湿地／浅葱／辣韮／大蒜／野蒜／菠薐草／分葱

山野菜草 蕨／薺／慈姑／蘿蔔／生薑／繁縷／山葵／菘／茗荷／芹／蓴菜／蓬／仏座／蕁麻／韮／土筆／御形／虎杖／蕗／石蕗／薇／木耳／蓼

食材惣菜 米粉／田麩／雪花菜／摘入／雁擬／粽／薯蕷／蕎麦／索麺／棊子麺／饂飩／鹿尾菜／鯣／唐墨／饅／海鼠腸／善哉／柚餅子／金鍔／羊羹／外郎／栗金団／雲呑

身体髪膚 靨／頤／眸／眦／眶／睫／耳朶／旋毛／體／腋窩／蟀谷／髭／鬚／肌理／髯／臂／臍／鳩尾／臑／腿／腓／踝／踵

体の異変 吃逆／含嗽／面皰／雀斑／洟／嚔／黒子／痘痕／白癬／目脂／涕／疣／皸／鼾／眩暈／汗疹／腋臭／瘡蓋／悪阻／瘧／胼胝／肉刺／乾瘡

職業役柄 供奉／中間／法眼／花魁／巫女／禰宜／上臈／禿／幇間／優婆塞／比丘尼／九十九髪／女衒／舎人／采女／醜楯／防人／破落戸／陰陽師／手弱女／益荒男／垂乳根／宿直

建築庭園 筧／庇／破風／甍／納戸／雪隠／校倉／伽藍／庫裏／框／三和土／手水鉢／数寄屋／門／竃／柴門／矢来／虎落／葭簀／冠木門／浮御堂／枝折戸／四阿

もくじ

生地衣装 別珍／繻子／緞子／縮緬／刺子／更紗／臈纈／絣／晒し／束帯／水干／狩衣／十二単／直垂／唐衣／袿／汗衫／裲襠／緘／衣桁／帖／一張羅／襤褸

和装和髪 袈裟／法被／半纏／褞袍／足袋／作務衣／褌／襷／襦袢／鞐／裃／櫛／釵／草鞋／元結／丁髷／髷／桃割／脚絆／股引／月代／鬢／鬘

日常什器 筵／茣蓙／絨緞／毛氈／団扇／湯湯婆／炬燵／懐炉／焜炉／蚊帳／蚊遣／行火／炭団／蝿帳／卓袱台／行李／行灯／杓文字／薬罐／急須／俎／簀子／束子

男の道具 鏝／鑢／錐／蝶番／鋸／鏨／鑿／曲尺／鎹／鉋／大鋸屑／撥条／捩子／鉞／鉈／剪刀／七首／骰子／魚籠／銛／剃刀／半田／刷毛

風雨雪氷 霾／風巻／疾風／東風／南風／凩／飆／颪／時化／旱／陽炎／五月雨／叢雨／沛雨／霖雨／雹／霰／霙／靄／雫／風花／斑雪／氷柱

数／単位 哩／碼／呎／吋／瓩／瓦／立／糎／粍／貫／匁／分／厘／斗／升／合／勺／毛／里／町／間／尺／寸

伝統色 桜／曙／鴇／退紅／珊瑚／紅梅／撫子／一斤染／梅鼠／牡丹／躑躅／深紅／茜／臙脂／蘇芳／丹色／緋色／猩猩緋／海老茶／葡萄／檜皮／真朱／栗梅／赤香／黄丹／薄香／香色／朽葉／赤朽葉／萱草／赤白橡／丁子／鳶色涅色／白茶／黄櫨染／練色／鳥の子／梔子／山吹／黄蘗／黄櫨／桑染／枯色／利休茶／黄橡／若苗／萌葱／苗色／苔色／柳葉／海松／木賊／青白橡／青磁／浅葱／水浅葱／露草／縹色／納戸／藤色／藤紫／薄色／紫苑／竜胆／桔梗／菖蒲／若紫／楝色／菫／杜若／滅紫／深紫／二藍／江戸紫／京紫／古代紫／卯の花／半色／柴色／素鼠／白鼠／鈍色／青鈍／黒橡／銀鼠／利休鼠／芝翫茶／団十郎茶／梅幸茶／新橋／生壁

古今難読人名 日本武尊／蘇我蝦夷／在原業平／稗田阿礼／正親町天皇／源順／役小角／坂上郎女／有栖川熾仁親王／大岡忠相／松平保容／鳥居強右衛門／陸羯南／長谷川如是閑／幣原喜重郎／朱楽菅江／大佛次郎／南方熊楠／阿南惟幾

もくじ

古今難読書名

歎異抄／暴夜物語／椿説弓張月／春色梅児誉美／女殺油地獄／義経記／一谷嫩軍記／入唐求法巡礼行記／傾城反魂香／伽羅先代萩／人肉質入裁判／妹背山婦女庭訓／与話情浮名横櫛／直毘霊／魯敏遜漂流記／蹇蹇録／三人吉三廓初買／陰翳礼讃／安愚楽鍋

和洋折衷

喇叭／自鳴琴／洋琴／風琴／喞筒／火熨斗／洋提／手風琴／口風琴／仮漆／鍍金／瓦斯／洋燈／虎列刺／窒扶斯／護謨／煙管／燐寸／淋巴／加答児／混凝土／骸炭／鉄葉／天鵞絨／襯衣／羅紗／線滞／莫大小／硝子／金剛石／翠玉／紫水晶／石榴石／紅玉／青玉／蛋白石／橄欖石／黄玉／緑柱石／克利奥佩特剌／該撒／林肯／閣龍／愛迪生／卓別麟／拿破侖／鳳梨／赤茄子／扁桃／石刀柏／朱欒／柯柯阿／阿列布／花椰菜／青豆／球菜／清正人参／和蘭芹／風信子／木春菊／乾酪／牛酪／麦酒／三鞭酒／酒精／麺麭／肉刀／肉叉／手巾

外国国名

氷島／西班牙／白耳義／希臘／露西亜／蘇丹／墺太利／和蘭／仏蘭西／愛蘭／伊太利／芬蘭／波蘭／突尼斯／洪牙利／独逸／羅馬尼亜／丁抹／勃牙利／瑞典／葡萄牙／瑞西／英吉利／埃及／利比亜／諾威／馬爾太／土耳古／新嘉坡／玖瑪／伯剌西爾／比律賓／哥倫比亜／越南／委内瑞拉／智利／阿富汗斯坦／泰／捏巴爾／波力斐／加奈陀／墨西哥／緬甸／豪斯多拉利／海地／秘露／牙買加／叙利亜／柬埔寨／印度／巴奈馬／新西蘭／亜爾然丁／莫臥児

外国都市名

雪特尼／雅典／紐育／舎路／馬尼刺／盤谷／聖彼得堡／薤露／華盛頓／伯林／晩香坡／倫敦／巴里／奄特坦／孟買／羅府／馬徳里／維納／莫斯科／羅馬／市俄古／米蘭／君士但丁／漢堡／桑港／西貢／費府／亜歴山／墨加／波士敦／耶路撒冷／聖林／馬耳塞／威尼斯／那波里／路照／壽府／海牙／剣橋／牛津／來因／達迷斯／多悩／巴爾幹／波斯／薩哈拉／羅甸／馬來／爪哇／高加索／呂宋／布哇／西蔵／戈壁

第一章
恥をかかないための入門編

◎誤読の定番 壱～拾陸
◎違いの法則
◎あて字とわかっていても厄介

過ちを改むるに、憚ることなかれ篇

（間違いに気づけば、それでよし）

誤読、思いこみ、うろ覚えは当然。
でも、この章を読破、突破すれば
恥ずかしい思いをしたのは昨日までだ。
それはこう読むのだよ。
お友達に、親切に教えてあげよう。
ここは、絶対に自信がつく第一章。

説明ページの注：

○ 正式読み
× 誤読
△ 間違いではないが……
◇ その意味
◎ さらなる説明
▽ 使用例、参考例

誤読の定番　壱

反古　愛弟子　脆弱　杜撰

塩梅　遵守　解熱　気配

工面　施行　相殺　錚々たる

雑言　言質　成仏

誤読の定番 壱

○**ほご** ×**はんこ**と読まないように ◇役に立たない物事。ボツ。取り消し ▽約束を~にする

○**あんばい** ×**えんばい**の転で間違いないが、**アンバイ**と読んだ方がよい ◇絶妙な加減。具合がよい

○**くめん** ×**こうめん**と読まれたら困る ◇工夫、算段、対応。○**グメン**とも読む ▽金の~をする

○**まなでし** ×**あいでし**? まさかそうは読まない ◇愛(マナ)は「親愛」の意の接頭語 ▽愛娘

○**じゅんしゅ** ×**そんしゅ**と読む人が多い ◇法、秩序にしたがって守る。法律や役所で多用される

○**しこう** △**せこう**と読む人が多い ○**シギョウ**とも読む ◇実施すること。法令の効力を実施する

○**ぞうごん** ×**ざつげん**と読まないように。雑巾と同じく雑を**ゾウ**と読む ▽罵詈雑言(バリゾウゴン)

○**ぜいじゃく** ×**きじゃく**と読んだ知事もいた、誤読の定番 ◇脆(もろ)くて弱いこと ▽脆弱な体制

○**げねつ** ×**かいねつ**では薬は買えない ◇解はとかすの意。カイは漢音、ゲは呉音 ▽解熱剤

○**そうさい** ×**そうさつ**、**あいさつ**は誤読。殺を**さい**と読む ◇差し引き損得なし ▽減殺(ゲンサイ)

○**げんち** ×**げんしつ**、**ことじち**と読む人が多い ◇証拠となるような約束の言葉 ▽言質を取る

○**ずさん** ×**とせん** ◇でたらめ、いい加減 ◎中国の詩人杜黙の撰の詩の韻律がいい加減だった

○**けはい** ×**きはい**とは読まない ◇何となく感じられる ▽気を**ケ**と読む。火の気、その気はない

○**そうそうたる** ×**じょうじょう**と某アナが読んでいた ◇特に優れた、抜きんでた ▽~たる顔ぶれ

○**じょうぶつ** ×**せいぶつ**では成仏できない。成を**ジョウ**と読む ◇悟りをひらき、死ぬこと ▽成就

誤読の定番　弐

華奢
奥義
直截
流布

悪寒
凡例
内裏
病葉

境内
罹災
女犯
台詞

石女
一入
方舟

誤読の定番 弐

○きゃしゃ
×かしゃ 貨車？◇ほっそりとした上品なさま。華を**キャ**と読むのはほとんどない

○おかん
×あくかんでは風邪もひけない ◇風邪で寒気がする。悪を**オ**と読む。嫌悪、憎悪

○けいだい
×きょうないでは意味が変わる ◇**ケイダイ**は社寺の境域をいう。▽神社の～

○おうぎ
×おくぎでも誤りではないが…… ◇学芸、武芸などの究極を求める ▽～を極める

○はんれい
×ぼんれいは誤読の定番 ◇ボンは呉音で当たり前、平凡。ハンは漢音でおしなべての意

○りさい
×らさいと読んだ人がいた ◇罹は網にひっかかる。災害をこうむる。災害を憂う

○うまずめ
×いしおんなは恥ずかしい ◇子を産めない女。不生女。不妊症？女性蔑視の言葉

○ちょくせつ
×ちょくさいと読む人が多い ◇ためらうことなく直に裁断を下す ▽直截な表現

○だいり
×ないりはまずい ◇天皇の御所、皇居。ひな祭りのお内裏様。内を**だい**と読む ▽境内

○にょぼん
×にょはん 女の犯人のこと？ 違いますよ ◇僧のタブー、女性と交わること

○ひとしお
×いちいりでは恥ずかしい ◇ひときわ、一層。入(シオ)は染めの液に漬ける回数

○るふ
×りゅうふと読まない ◇広く知られる。また、知らしめること。流は**ル**と読む ▽流民流浪

○わくらば
×びょうは？ 意味は合っているが ◇病気の葉。枯葉。落ち葉。はかなさを表す

○せりふ
×だいし ◇言いぐさ、決まり文句。また、芝居の俳優の言葉。「科白」も**せりふ**と読む

○はこぶね
×ほうせん ◇方形の船。箱船。「箱庭」とおなじく小さい舟の意 ▽ノアの方舟

誤読の定番 参

完遂
初産
陶冶
他人事

饒舌
仮病
侍女
遊説

手水
糊口
市井
還俗

産湯
目深
花街

誤読の定番 参

○**かんすい**
×**かんつい** ◇遂はツイだが、ここではスイと読まないと。やり遂げること

○**じょうぜつ**
×**ぎょうぜつ** 餃子の餃じゃありません ◇口数が多い。おしゃべり ▽〜な文章

○**ちょうず**
×**てみず** ◇手や顔を洗う水。また社寺の参拝の前に洗い清めること。便所のこと

○**ういざん**
×**はつざん**では赤っ恥です ◇初めての出産。初をウイと読む ▽初陣、初孫

○**けびょう**
×**かびょう**？ これではズル休みはできません ◇仮をケと読むのは、化身も同じ

○**ここう**
×**のりぐち**？ まさか ◇口に糊をする。つまり、粥を食べてしのぐ。なんとか生活する

○**うぶゆ**
×**さんゆ**？ それはないよ ◇産を**うぶ**と読む。産毛、産声、生まれるを意味する

○**とうや**
×**とうじ** 治でなく冶です ◇人材の育成。冶は金属を溶かして物をつくる意 ▽冶金

○**じじょ**
×**たいじょ** 待つでなく侍 ◇高貴な人に仕える女。侍ははべる、仕えるの意

○**しせい**
×**いちい**では大恥 ◇まち。ちまた。市。井戸のあるところに人が集まった

○**まぶか**
×**めぶか**と読む人も多い ◇目の隠れるほど深く笠、帽子などをかぶる

○**ひとごと**
×**たにんごと**ではダメ。◇自分以外の人のこと。世間一般のこと ▽とても〜とは思えない

○**ゆうぜい**
×**ゆうせつ**では説が遊んでしまう ◇意見を各地で説いてまわる。政治家の各地での演説

○**げんぞく**
×**かんぞく**と読まないよう ◇出家した人が俗人にもどること。還を**ゲン**と読む

○**かがい**
△**はなまち**でも間違いではないが、正確には**カガイ** ◇色街、遊郭、色里

椿事　弛緩　入水　花押

三昧　確執　逝去　頌春

生抜き　生蕎麦　乳離れ　刺青

誤読の定番　肆

一矢　一途　傾城

誤読の定番 肆

○**ちんじ**
×**つばきごと**はダメ ◇突然の出来事。闖入(チンニュウ＝突然飛びこむ)のチンの誤用

○**ざんまい**
×**さんみ** ◇味でなく［仏］心が統一して安定する。一心にふける ▽読書三昧

○**はえぬき**
×**いきぬき** ◇生(はえ)は、その土地、場所に生える意味。一筋 ▽〜の営業マン

○**しかん**
×**ちかん**と読まれる。痴漢か？ ◇弛も緩も「ゆるむ」▽筋肉が〜する。規律が〜する

○**かくしつ**
×**かくしゅう** 執は執念のシュウだからか？ ◇意見、立場の違いから対立

○**きそば**
×**なまそば**では蕎麦屋が怒る ◇生は蕎麦粉百%。生(キ)は混ざり物なし。灘の生一本

○**いっし**
×**いちや**は誤読の定番 ◇一本の矢。矢の音はシ ▽〜を報う。敗色に最後の努力、戦い

○**じゅすい**
△**にゅうすい** ◇**じゅすい**は自殺。**にゅうすい**はプール。間違うと大変。宮廷は入内(ジュダイ)

○**せいきょ**
×**せつきょ**と読まない ◇ただし夭逝(ヨウセツ)はヨウセイとも読むからややこしい

○**ちばなれ**
×**ちちばなれ**はダメ！ ◇離乳 ▽〜していないは未熟のたとえ。乳房はチチフサといわない

○**いちず**
×**いっと**でもよいが、いちずに求める。彼女いちず。勉強いちず。やはりいちずがよい

○**かおう**
×**かおし、はなおし**はない ◇武将、大名などが署名の下に書く判。サインのようなもの

○**しょうしゅん**
×**こうしゅん**と誤読される ◇頌はことほぐこと。春をことほぐ。年賀状の定番

○**しせい**
×**いれずみ**ではない！ ◇入れ墨は犯罪者が腕に入れたしるし。背中の龍や弁天は**シセイ**

○**けいせい**
×**けいじょう、けいしろ**では恥 ◇色香に迷い城を傾けるほどの美人。おいらん。傾国

誤読の定番 伍

白夜　独擅場　塔頭　更迭

時雨　敵討ち　亡者　号泣

忖度　剣呑　婉曲　素性

前場　外道　猛者

誤読の定番 伍

○**はくや**
×**びゃくや**は誤り！ ◇極地に近い夏に暮れない夜。もとハクヤ。知床旅情でビャクヤ

○**しぐれ**
×**ときあめ**では風情がない ◇通り雨。「過ぐる雨」からシグレに。秋末から初冬の雨

○**そんたく**
×**すんど**と読む人が多い ◇忖も度も「はかる」の意。他人の立場や心中をおしはかる

○**どくせんじょう**
×**どくだんじょう**は誤読。擅はダンと読まない。擅（セン）は思うがままにの意

○**かたきうち**
×**てきうち**じゃ！ ◇敵には違いないが、主君、親、兄弟、友の仇なす敵です。＝仇討ち

○**けんのん**
×**けんどん**はハズレ。険難（ケンナン）のあて字 ◇あやういこと、あやぶむ

○**ぜんば**
×**まえば**と読んだ人は株を知らない ◇証券取引所の午前の取引。午後は後場（ゴバ）

○**たっちゅう**
×**とうとう**はマズイ。◇中心の大寺院に対して、それに所属する小院、別坊。＝脇寺

○**もうじゃ**
×**ぼうじゃ**ではない。亡命、逃亡はボウで漢音。モウは呉音 ◇死んでも成仏しない者

○**えんきょく**
×**わんきょく**は誤読の定番 ◇遠回しに表現する。やんわりと ▽借金を〜に断る

○**げどう**
×**そとみち、がいどう**？ 道路のことではない ◇道、教えにそむく。悪魔、畜生

○**こうてつ**
×**こうそう** 送と迭が似ている？ ◇迭はかわる。序列地位が変わる、変える ▽〜する

○**ごうきゅう**
×**ごうなき**は恥ずかしい ◇泣は声をたてないで泣く。号がついて大声、激しく泣く

○**すじょう**
×**そじょう**はダメ ◇血筋、家柄。育った環境。由緒。素は生、生粋のこと

○**もさ**
×**もしゃ**はちょっと恥ずかしい ◇勇猛、すぐれた体力、技能の持ち主 ▽球界の〜

回向　蛇行　合点　長閑

香具師　慮外　声色　愛敬

小兵　終の栖　手向け　隠忍

気質　生憎　柿おとし

誤読の定番
陸

誤読の定番 陸

○**えこう**
×**かいこう**はマズイ　◇仏事を開いてその死者の成仏を祈ること。手向け　▽回向院

○**やし・てきや**
×**かぐし**じゃない。野師とも書く　◇縁日などの露店で粗製品を売る。寅さんの商売

○**こひょう**
×**こへい**は大恥　◇小柄。ちいさくて俊敏　▽小兵力士。兵はヒョウ。兵法(ヒョウホウ)

○**だこう**
×**じゃこう**と読んだら笑われる　◇文字どおり蛇のようにくねった川、道など

○**りょがい**
×**りょうがい**と読まれることが多い　◇慮は思いめぐらす。思いのほか、だしぬけ。無礼

○**ついのすみか**
×**しゅうのす**、そう読んだ人がいる　◇終生、一生、最後に住む場所＝終の住処、棲家

○**かたぎ**
×**きしつ**は間違いではないが、形木から転じた言葉　◇習慣、ならわし　▽職人気質

○**がてん**
×**ごうてん**？　◇合点とは和歌などの批評の点。よし、了承するの意　▽ガッテンだ！

○**こわいろ**
×**こえいろ**は音の音色、調子　◇**こわいろ**は人まね、声帯模写　▽役者の～

○**たむけ**
×**てむけ**では餞別ももらえない　◇死者の霊を供養する。旅のはなむけ、餞別

○**あいにく**
×**なまにく**では生肉になってしまう　◇あや憎しの転、思いまかせぬさま。予想外のこと

○**のどか**
×**ちょうかん**では通じない　◇長い閑(ひま)でのんびり、あわてないさま　▽～な景色

○**あいきょう**
×**あいけい**　○**あいぎょう**ともいう　◇仏の顔がおだやかなので、その様をいう。＝愛嬌

○**いんにん**
×**おんにん**　多くがそう読む。隠密の隠か？　◇じっと我慢をする　▽～自重

○**こけら**おとし
×**かき**おとし。誤読の定番　◇舞台などの初興行　◎柿はカンナ屑。これを払い落してゴー

誤読の定番　漆

黒白　譴責　大地震　有職

狭間　功徳　常夏　行脚

角逐　鹿威し　開眼　建立

無聊　破綻　進捗

誤読の定番 漆

○**こくびゃく**
×**くろしろ**? 間違いではないが ◇物事の是非、取捨、明暗 ▽～をつける

○**はざま**
×**きょうま**、**きょうかん** ◇狭くなったところ。あいだ。桶狭間の戦いが読めれば!

○**かくちく**
×**かくすい**はダメ ◇角は競う、逐は追いかける。互いに競争すること

○**けんせき**
×**いせき** ◇譴はやる、行かせる。責任をとがめる、追及すること ▽～辞任

○**くどく**
×**こうどく**と読んでは功徳がない ◇神仏のめぐみ ▽～を施す。御利益(ごりやく)

○**ししおどし**
×**しかおどし** ◇鹿はシカだが、これをシシと読むから不思議。猪や鹿を追う装置

○**ぶりょう**
×**むりょう**、**むりゅう**じゃ? ◇聊はいささか。とりあえずやることなし。閑、退屈

○**おおじしん**
×**だいじしん** ◇地震はオオ、震災はダイ。和語にはオオ、漢語にはダイ。大番頭なら?

○**とこなつ**
×**つねなつ**じゃ、常夏のハワイのチラシも読めない ◇常(とこ)はとこしえ

○**かいげん**
×**かいがん** ◇カイガンは開眼手術などの場合 [仏]カイゲンは大仏開眼、開眼供養など

○**はたん**
×**はじょう**と読む人が多い ◇錠はカギ、薬一錠二錠。綻はほころぶ。ダメになること

○**ゆうそく**
△**ゆうしょく** ◇誤りではないが、有職故実はソクと読む。官職、制度、典礼などの知識

○**あんぎゃ**
×**ゆくあし** どんな足だ? ◇僧が諸国を巡り修行する。行をアンと読むのは行宮、行在

○**こんりゅう**
×**けんだて** まさか? ◇寺院、塔などを建設すること [仏]建をコンと読む

○**しんちょく**
×**しんしょう** 渉に似てる? ◇物事の進み具合。捗ははかどること ▽～状況

誤読の定番　捌

懸想　縊死　会釈　獅子吼

雄渾　因業　柔和　従容

殺生　一見の客　強面　灰燼

衣鉢　固唾　快哉

誤読の定番 捌

○けそう
×けんそう ○けしょうなら可 ◇異性に思いをかける ＝横恋慕（よこれんぼ）

○いし
×えきし ◇刑事物なら死因は他殺でなく縊死。つまり自殺、それも首つり

○えしゃく
×かいしゃくは恥ずかしい ◇［仏］互いに意志が通じること。にこやかにうなずく

○ししく
×ししほえ？ そうなんだが ◇獅子が吠えるような威力のある説教。熱弁をふるう

○ゆうこん
×ゆうぐん？ さんずいなしならば ◇力強い、雄大。渾はすべて、全部の意 ▽渾身

○いんごう
×いんぎょう？ おいおい！ ◇頑固でえげつないこと。むごいこと ▽～おやじ

○にゅうわ
×じゅうわ 柔道の柔だから？ ◇性格、態度が柔らかくて穏やかなさま。ニュウは呉音

○しょうよう
×じゅうよう 難しいね！ ◇従はショウ（漢音）、ゆったり。おちついたさま ▽～として

○せっしょう
×さっしょう？ それは殺傷でしょう ◇むごいこと、思いやりがない、生き物を殺す

○いちげん
×いっけんには客がつかない ◇初対面。もともと遊里の言葉 ▽イチゲンさんお断り！

○こわもて
×きょうめん どういう意味？ ◇強はコワ、赤飯のお強。面はオモテ。恐ろしい顔つき

○かいじん
×はいじん ◇灰と燼（もえかす）。滅びつきる ▽巨大都市もついに～に帰した

○いはつ
×いはち 当たらずとも遠からずか ◇師匠から袈裟（衣）と鉢を受ける。後を継ぐ

○かたず
×かたつば？ 近い！ ◇緊張時に口にたまる唾 ▽無死満塁、次の一球に思わず～を飲む

○かいさい
×かいや？ 人名か？ ◇快はこころよい、哉はかな ▽ブラボー。思わず～を叫ぶ

誤読の定番　玖

散華
軽重
呵責
法度

所望
口吻
残滓
鷹揚

虚空
礼賛
上梓
吹聴

勤行
逆鱗
支度

誤読の定番 玖

○**さんげ**
×**さんか**と読むとまずい！ ◇仏の供養のため花を散布する。また華と散るから戦死

○**しょもう**
×**しょぼう**と読んだらもらえない ◇希望、欲しい物を願う、もらう ▽水を一杯〜したい

○**こくう**
×**きょくう**と読まない。コは呉音 ◇何もない空間。事実と異なること ［仏］虚空蔵菩薩

○**けいちょう**
×**けいじゅう**でもよいのだが…… ◇ことの真価、重い軽いの判断 ▽鼎（かなえ）の〜を問う

○**こうふん**
×**くちもの**？ それでは意味がわからない！ ◇くちぶり、言い方 ▽あわてたような〜で

○**らいさん**
×**れいさん** ◇ほめたたえる ◎ライと読むのは呉音。ただし謝礼はシャライと読むと恥

○**ごんぎょう**
×**きんぎょう**では有り難みがない ［仏］仏の修行に勤める。仏前で時を定め読経する

○**かしゃく**
×**かせき** 責任の責？ ◇責め苦しむこと。呵も責もせめる ▽良心の〜に耐えられず

○**ざんし**
×**ざんさい** ◇残り滓（かす） ◎ザンサイは慣用で誤りではないが ▽封建時代の〜

○**じょうし**
×**じょうさい**？ 多いねえ ◇出版する ◎昔、版木に梓（あずさ、シ）の木を使ったから

○**げきりん**
×**ぎゃくりん**は大恥！ ◇目上の人の怒り ◎龍の顎の下の逆さ鱗。触れると殺されるゾ

○**はっと**
×**ほうど**と読むようでは情けない ◇掟、法律、決めごと、禁令 ▽御法度

○**おうよう**
×**たかあげ** 意味は近い！ ◇鷹が空を舞うように悠然としたさま ▽〜に構える

○**ふいちょう**
×**すいちょう** ◇言いふらす、される ◎吹は音スイ、訓**ふく**。フイはこの言葉だけ？

○**したく**
×**しど**は恥ずかしい！ ◇計算する。用意する ◎度は**ド**、**ト**のほか**タク** ▽支度金

誤読の定番 拾

権現

憔悴

防人

赤銅

福音

呂律

遊山

日和

築地

斟酌

出来する

狼煙

補填

漸次

白湯

誤読の定番 拾

○ごんげん
×けんげんでは家康様は激怒　◇仏が化身(ケシン)して神となる◎権化　▽東照大権現家康

○しょうすい
×しょうそつ　◇憔も悴もやつれるさま　◎悴は卒ではないのだが　▽あまりの〜ぶりに

○さきもり
×ぼうじん！　歴史用語で赤恥　◇古代、辺境の防備にあたった兵　◎崎守(さきまもり)の転

○しゃくどう
×せきどう　赤道か！　◇銅に金銀を少量混ぜた合金　◎仏像、装飾品に　▽〜色に焼けた

○ふくいん
×ふくおんでは救われない　◇イエスの説いた神の教え　◎音を**イ**ンと読む。母音(ボイン)

○ろれつ
×ろつ　酔っぱらいらしいね！　◇言葉、会話の調子。リョリツの転　▽〜が回らない

○ゆさん
×ゆうさん　人名か？　◇気晴らしの外出、行楽。遊を**ユ**と読むのはあまりない　▽物見〜

○ひより
×ひわで赤ッ恥　◇晴れ日、ふさわしい気候　◎日和見主義(自分の都合のよい方を窺う)

○ついじ
×つきじ　日比谷線？　◇築泥(ツキヒジ)の転。土塀の上に屋根をふいたもの　▽築地塀

○しんしゃく
×じんしゃく　◇相手の心情を思いはかる。斟はくむ、酌はお酌の　▽そこを〜して

○しゅったい
×でき？　わからんでもないが　◇事件が起こる。シュツライの転　▽汚職事件が〜した

○のろし
△ろうえん　◇敵の来襲を知らせる煙　◎煙を直上させるため狼の糞をくべたという

○ほてん
×ほしん　赤字補填の必要ない人は読めなくて可　◇不足を補う。填は穴をうずめる

○ぜんじ
×ざんじ　必ず間違うん　◇徐々に進む、だんだん　◎暫時(ざんじ)はしばらく　▽東漸

○さゆ
×しろゆ　白いお湯？　◇何も入っていない湯　◎さは強調の接頭語？　白は何もない意

誤読の定番　拾壱

佇立　山車　猪口　発端

欠伸　細雪　十八番　剽軽

凄絶　三行半　界隈　無碍

木霊　訃報　心太

誤読の定番 拾壱

○ちょりつ **×ていりつ** ◇一カ所に立つ、佇(たたず)む ◎貝だと貯金の貯、たまる。人だと、とどまる

○あくび **×けっしん** まちがいではないが ◎「ついケッシンがでる」では意味がねぇ

○せいぜつ **×そうぜつ**、**さいぜつ** ◇とてつもなくすさまじい ◎壮絶(ソウゼツ)とよく混同される

○だし **×やまぐるま** ◇祭神の代わり、ヤマ ◎ダシは「出し物」 ▽~を引く。だんじり。山笠

○ささめゆき **×ほそゆき**では大恥です ◇細かな雪 ◎ささは細かい、わずかな ▽谷崎潤一郎の名作~

○みくだりはん **×さんぎょうはん** その通りだが ◇離縁状 ◎昔夫から妻への離縁状は三行半で書かれた

○こだま **×もくれい** ◇やまびこ ◎**もくれい**は木の霊、木の魂。ここは**コダマ** ▽谺とも書く

○ちょこ **×いのししくち**? その通りだが ◇さかづき ◎猪の口に似ている ▽お猪口

○おはこ **×じゅうはちばん** ◇得意な芸 ◎歌舞伎市川家の十八の得意芸を箱に秘蔵した

○かいわい **×かいくま**では意味が…… ◇あたり、周辺 ◎大隈の隈はかたすみのこと ▽銀座~

○ふほう **×ぼくほう**では事がことだけに ◇死亡のしらせ ◎訃は告げるだが、特に死の際に使う

○ほったん **×はったん** 間違えると大恥! ◇事の始まり、糸口 ◎発は**ホツ**、発起人 ▽事件の~

○ひょうきん **△ひょうけい** ◇滑稽、おどけ ◎**ひょうけい**は軽くてすばしっこい ▽~なヤツ

○むげ **×むとく** ◇とらわれることがない ［仏］融通無碍、とらわれずどんな事でも対応できる

○ところてん **×しんぷと** 読めなくて当然だが ◇寒天からつくる ▽~式に。物事が自然に進むこと

誤読の定番　拾弐

求道　頒価　灰汁　溌剌

貪婪　律儀　健気　生粋

総帥　戯作　如才　碩学

夜叉　訥弁　御大

誤読の定番 拾弐

○ぐどう
×きゅうどう ◇仏の道を求める。真理の追究 ◎求・救のグは呉音 ▽欣求。救世

○どんらん
×びんりん 貧乏のビンとは字が違う ◇あくなき欲望 ◎貪も婪も「むさぼる」 ▽貪欲

○そうすい
×そうしは恥 ◇統率する人。総大将 ◎帥はひきいる、師は先生 ▽元帥、統帥

○はんか
×ぶんか ◇商品としてでなく広く配るときの値。頒は分け与える ◎商品は定価 ▽頒布

○りちぎ
×りつぎ ◇まじめ、実直 ◎**リチ**は呉音 ▽～者の子沢山（浮気をしない、子供が多い）

○げさく
×ぎさく 戯曲のギ、確かに ◇江戸時代の俗文学 ◎戯はたわむれ。ゲは慣用 ▽～者

○やしゃ
×金色夜叉を**キンイロヨルマタ**と読んだ人数知れず ◎悪神。仏に救われ、仏法を護る

○あく
×はいじる ◇灰のうわずみ液。植物のえぐみ。人の個性 ▽ヤツは～が強い

○けなげ
×けんき！ それもあるが ◇子供や弱者の懸命に努めるさま ◎勇ましい、強いの意も

○じょさい
×じょうさい ◇如在の誤写。てぬかり、手落ち ▽～がない、うまくふるまい抜目がない

○とつべん
×のうべん ◇口ごもる。会話が下手。にぶい ◎能弁（ノウベン）では意味が逆 ▽朴訥

○はつらつ
×はつし 名刺の刺？ ◇元気、いきいきと。溌も刺も飛び跳ねる。溌溂とも書く ▽元気～

○きっすい
×なまわく そう読むか！ ◇まじりけがない ◎生は生一本の**キ**、粋は純粋、ワクは枠

○せきがく
×ていがく ◇大学者。物知り。秀才 ◎碩は大きい、詰まっている ▽五山の～

○おんたい
×おんだいでは意味がわからぬ ◇リーダー ◎御大将の略 ▽星野前監督の師・島岡御大

誤読の定番　拾参

教唆

仕業

許嫁

潤沢

白眉

漁火

浚渫

点前

怯懦

凋落

衷心

恬淡

希有

時化

鍍金

誤読の定番 拾参

○きょうさ
×きょうしゅん ◇けしかける ◎唆はそそのかす。峻、俊などは音はシュン

○はくび
△しろまゆ ◇同類の中で抜きんでる ◎蜀の馬氏五兄弟でトップの馬良の眉が白かった

○きょうだ
×ほうじゅ ◇小心でずるい ◎怯は卑怯(ひきょう)、おびえずるい。懦は弱い

○しわざ
×しぎょう ◇行為、おこない ◎スルワザの転、シはする、業はワザ ▽軽業(かるわざ)

○いさりび
△ぎょかでもよいが ◇火で魚介を集める漁 ◎漁、イザルの転、いさり、あさる ▽漁色

○ちょうらく
×しゅうらくは赤っ恥 ◇おちぶれる。おとろえる。凋はしぼむ ▽社民党の~は目を覆う

○けう
×きゆうと読むと希有 ◇めったに。まれにある。不思議なこと。希はまれ ▽~な事件

○いいなずけ
×きょかとは許可のこと? ◇親の合意で幼くして婚約する。婚約者 ◎言い名付けの転

○しゅんせつ
×しゅんちょう ◇水底の土砂や泥をさらう ◎浚も渫もさらう。渫はチョウでない

○ちゅうしん
×あいしん 式典で聞いて驚いた ◇心より ◎似てはいるが哀れんでは ▽~より感謝

○しけ
×じけ ◇暴風で海が荒れる。不漁 ◎転じて不景気、調子が悪い ▽ここんとこ~てる

○じゅんたく
×じゅんさわ これ大恥 ◇潤いありあまる ◎沢は**タク**、あまる。贅沢、沢山 ▽~な資金

○てまえ
×てんまえでは意味不明 ◇茶道(主宰者側)の作法、転じてお手並み。技量 ▽お手並み拝見

○てんたん
×かったん そう読まれるのだ! ◇やすらかで無欲 ◎恬はやすらか ▽地位に~と

○めっき
△ときん ◇金属の表層を他の物質で覆う ◎メッキとカナだが滅金の転 ▽~が剥げる

誤読の定番 拾肆

寸胴　団塊　寸借

慚愧　暢気　火宅　弥縫

懊悩　嗚咽　下野　稗史

黄泉　煩悩　調伏　哄笑

誤読の定番 拾肆

○ずんどう
×**すんどう** ◇意味はB85W85H85くびれなし。寸胴鍋 ◎寸は寸法 ◆差別用語？

○だんかい
×**だんき** ◇かたまり ◎何でもかたまり。一クラス60人 ▽～の世代。47～49年生まれ

○すんしゃく
×**すんかり** 意味はあってるが ◇ちょっと借りる ◎寸借詐欺。すぐ返すからといって

○ざんき
×**ぜんき**は恥ずかしい ◇慚も愧も恥じいること ◎慙愧とも書く ▽～にたえない

○のんき
×**ちょうき** ◇暖気の当て字、呑気とも書く ◎暖気の暖はノンと読む(暖簾) ▽～な性格

○かたく
×**ひたく** 修行が足らん ◇家が燃えている不安な状態 [仏]この世、煩悩 ▽～の人

○びほう
×**やほう**は悲しい！ ◇失敗を取りつくろう ◎弥はあまねく。継ぎはぎ ▽～策でしのぐ

○おうのう
×**おくのう** ◇悩みもだえる ◎懊は悩み、いよいよ深く思いが募る ▽～の日々

○おえつ
×**めいいん** ◇むせび泣く ◎嗚は鳴ではない。咽は咽喉のインだが ▽～が漏れる

○げや
×**したの** 上野の反？ ◇官を辞す ◎野は中央の反対。野党 ▽西郷は征韓論で～した

○はいし
×**ひし** ほとんどが間違う ◇民間の記録、物語。正史の反対 ◎稗はひえ。その小さい種

○よみ
×**おうせん**？ まさかでしょう ◇魂の行くところ。闇の世界、死者の国 ○**こうせん**

○ぼんのう
×**はんのう** ◇仏心を煩わせ悩ませる妄念 ◎煩は煩悩以外は**ハン** 煩瑣、煩雑 ▽～を絶つ

○ちょうぶく
×**ちょうふく** ◇仏法をもって説き伏せる。怨敵を呪い殺す ◎伏はブクと読む ▽敵国～

○こうしょう
×**きょうしょう** ◇大笑い、高笑い、はやしたてる ◎洪水も**コウ** ▽～が遠く聞こえた

誤読の定番 拾伍

箴言

断食

馘首

猊下

刃傷沙汰

揣摩憶測

端倪

順風満帆

会者定離

大山鳴動

運否天賦

誤読の定番 拾伍

○しんげん
×かんげん かなりの確率で間違う ◇戒めの言葉、格言 ◎箴は針、治癒する、チクリと刺す ▽誰々の〜集

○げいか
×ばくか? 無礼者! ◇高僧の敬称 ◎猊は獅子、人中の王。バクは貘。僧侶に送る書状の脇付に用いる語

○たんげい
×たんじ ◇物事の始めと終わり ◎端は始め、糸口。倪は果て ▽〜すべからざる才(すべてに秀でている)

○だんじき
×だんしょく ダイエットじゃない! ◇宗教・政治上の理由で食を断つ ◎食の**ジキ**は呉音 ▽〜修行

○にんじょうざた
×じんしょうさた ◇刃物による殺傷事件 ◎刃の**ジン**は漢音(自刃ジジン)。ニンは呉音 ▽刃物三昧

○じゅんぷうまんぱん
×じゅんぷうまんぽ ◇すべて順調に進むこと。追風 ◎帆の音は**パン** ▽建設は〜に進んでいる

○たいざんめいどう
×おおやまめいどう ◇前触れが大きい割に、たいしたことはなかった ▽〜してネズミ一匹

○かくしゅ
×げんしゅと読まれることが多い ◇首を切る、解雇 ◎馘は耳を切る。転じて首切り ▽〜反対

○しまおくそく
×たんまおくそく ◇勝手に想像する。あて推量 ◎揣摩は推し量る。揣は**タン**と読まない。憶測は臆測とも書く

○えしゃじょうり
×かいしゃていり ◇会うは別れの始め。この世の無常をいう ◎モノの定め。平家物語の一文「生者必滅会者定離」

○うんぷてんぷ
×うんびてんぶ ◇人の運不運は天のなせるところ ◎運を天にまかせる。否は**プ**

誤読の定番 拾陸

乳母日傘　温州蜜柑　不惜身命

丁々発止　一期一会　人身御供

片言隻句　三位一体　不撓不屈

傍目八目　人事不省

誤読の定番 拾陸

○**おんばひがさ**
×**うばひがさ？** 確かにそうなんだが ◇乳母がなんでもしてくれるように、大事に育てられること

○**ちょうちょうはっし**
×**ていていはっし** ◇互いに打ち合い、しのぎ合うさま。やりとり ◎丁々も発止も擬音 ▽～の論戦

○**へんげんせっく**
×**へんごんそうく** ◇ちょっとした言葉 ◎隻はひとつ。隻眼（セキガン＝片目） ▽～も漏らさない

○**うんしゅうみかん**
×**おんしゅうみかん** ◇日本のみかんの代表的な品種 ◎温はウン。中国蜜柑の産地の温州とは関係ない

○**いちごいちえ**
×**いっきいっかい** ◇一生一度限りでも、それでも十分なもてなしをする ◎茶道での客に対する心得

○**さんみいったい**
×**さんいいったい** ◇三つの要素が協力しあい、一体となること ◎キリスト教の基本的教義 ▽諸悪の根源は政財官の～体制

○**おかめはちもく**
×**はためはちもく** ◇外部からだと本質がよく見える ◎碁で対局者より、傍らで見ているほうが八目も先を読めることから

○**ふしゃくしんみょう**
×**ふせきしんめい** ◇命を惜しまずその道にかける ◎本来は仏の道 ▽元横綱貴乃花の横綱推挙伝達式での口上

○**ひとみごくう**
×**じんしんごきょう** ◇神に捧げるいけにえ ◎欲望のために犠牲となる人 ▽政治の駆け引きの～となる

○**ふとうふくつ**
×**ふぎょうふくつ** 誤読率7割 ◇くじけない、信念を持って当たる ◎撓は**トウ** ▽～の精神でことに当たる

○**じんじふせい**
×**じんじふしょう** 誤読の定番中の定番 ◇意識がなくなる、昏睡状態 ◎省は**セイ** ▽～に陥る

違いの法則

1　字は似ているが意味が違います

爪と瓜

爪(つめ)に爪なく、瓜(うり)につめあり。○**爪はソウ**。爪に灯をともすとか爪を隠すとか、「小さな」というたとえが多い。爪を噛むのはよくないわ　○**瓜はカ**。十六歳のこと。瓜の字を二分すると、八と八。昔は十六歳で女になった。だから破瓜は処女膜が破れること。エロ小説の定番の言葉？

廷と延

○**廷はテイ**。もともと庭をあらわす。転じて、公の場所をあらわすと法廷、宮廷、朝廷　○**延はエン**。のびる、のばすの延長、延命。おくれる、おくらすの延期、順延。ひきいれるの延客

巳と己と已

みは上に、**おのれ・つちのと**下につき、**すでに・やむ・のみ**中ほどにつく。○**巳はミ**。蛇。巳の刻(午前十時前後)　○**己はコ**、**キ**。おのれのこと。自己、知己、克己心。十干のつちのと　○**已はイ**。すでに終わっている。やめる、のみ。已然

嫡と滴と摘

○**嫡はチャク**。本妻のこと。したがってその子は嫡子で正当なあとつぎをいう。直系　○**滴はテキ**。しずく。したたる、水滴、点滴、一滴

○**摘はテキ**。つむ、選ぶ。指摘、摘要、暴き出すの摘発

隠と穏

○**隠はイン、オン**(呉音)。かくれるかくすの意味で隠語、隠花植物、隠密(おんみつ)。世間から退くことの隠居、隠者。あわれむ意味の惻隠　○**穏はオン**。おだやかなこと、しずかなこと、安らかなことで、穏当、穏健、安穏(あんのん)、平穏

候と侯

○**候はソウロウ、コウ**。……にて候。あり。様子をうかがうの意で斥候(せっこう)、ものみ。まつ、あらわれる、きざしの意で天候、気候、兆候。仕えるの意で伺候(しこう)、候補　○**侯はコウ**。第二位の爵位(公、侯、伯、子、男)。大名の称号

享と亨

○**享はキョウ**。神に対してとりおこなうこと。供えものを受けるところから享楽、享受、享年(天から受けた年。死者の年齢)。ごちそうするから享宴

○**亨は人名のとおる**。それ以外ない。星亨を星享と書かれた本が結構あった

微と徴

○**微はビ**。小さいの微生物、微細。少ないの微罪。かすかなの微笑、微震。身分の低いの微賤と、全体的にちいさいの意義　○**徴はチョウ**。よびだすの徴兵、徴用。召し上げる、とりたての徴収、徴税。きざし、しるしの徴候、特徴、象徴

悔と侮

○**悔はカイ**。くやむ、失敗の後くやむ。残念な気持ち。後悔。死者のとむらい、お悔やみ　○**侮はブ**。あなどる、ばかにする、軽く見るの侮辱、侮蔑

送と迭

○**送はソウ**。みおくるの送迎、送別、歓送、葬送。おくるの送金、運送、輸送

○**迭はテツ**。かわる。地位を抜けて他とかわる。更迭。たがいに入れ替わる、「迭(たが)いに宝主と為る（孟子）」

刺と剌

○**刺はシ**。さすの意。さすの刺殺、刺激、刺繍。とげの有刺鉄線。そしるの風刺。名札の名刺　○**剌はラツ**。もとる。はねる。溌剌（魚が飛び跳ねるさま、元気がいい）

漸と暫

○**漸はゼン**。ようやく、徐々に進む、だんだんと。しみこむ。漸進、漸次、東漸

○**暫はザン**。しばらく、しばらくのあいだ。暫→久→恒と進む。暫時、暫定

弊と幣

○**弊はヘイ**。ついえる、破れるの弊衣。疲れるの疲弊、よくないことの弊害、旧弊、語弊。謙遜をあらわす弊社　○**幣はヘイ**。神前に捧げるの意で、ぬさ、みてぐら、御幣。貢ぎ物の幣物。通貨やおさつの意で貨幣、紙幣、通貨制度・幣制

衝と衡

○**衝はショウ**。かなめ、要所、通りの意で要衝。つきあたるの衝突、折衝

○**衡はコウ**。はかりの意。重さをはかる度量衡。つりあいをはかる均衡、平衡。ならぶの連衡

戊と戌と戍

○**戊はボ**。十干の五番目。つちのえ。矛の意　○**戌はイヌ、ジュツ**
○**戍はジュ**。武器を持って守る、守備兵の陣屋。衛戍

嬌と矯

○**嬌はキョウ**。なまめかしい様子をあらわす、愛嬌、嬌態　○**矯はキョウ**。曲がった物をまっすぐに直す矯正、矯風。いつわりのことで矯飾。激しいことで矯激

師と帥

○**師はシ**。先生の教師、師匠、医師、美容師。指導者の牧師、導師。軍隊の師団、出師。多くの人々を表す都の京師　○**帥はスイ、ソチ**。率いるの意。軍の関係で元帥、統帥、総帥

遣と遺

○**遣はケン**。使わす，使者として出すの意で遣隋使、派遣　○**遺はイ**。忘れることで遺失物、死体遺棄。残る、残すの遺跡、遺体、遺言。やり残されたモノの補遺，拾遺

萩と荻

ハギは秋、オギはけもの。　○**萩はシュウ**。はぎ。秋の七草。萩原さん。山口の萩　○**荻はテキ**。おぎ。イネ科の多年草。葦原に生える。荻原さん。中央線の荻窪

塔と搭

○**塔はトウ**。住居を伴わない高い建造物。ピサの斜塔。タワー。仏の舎利(骨)を納め、高く築いた建物。法隆寺の五重塔　○**搭はトウ**。乗る、乗せる。飛行機の搭乗、搭載

壁と璧

○**壁はヘキ**。かべ。仕切り、障害の意。バカの壁、障壁　○**璧はヘキ**。中央に孔のある円板状の玉宝、璧玉。すぐれもの、完璧、双璧

活と恬

○**活はカツ**。生きる、動きがあること。生活、活動、活用、活躍　○**恬はテン**。平然と落ち着きのあるさま、恬然。欲のない静かなことで恬淡

貧と貪

○**貧はヒン、ビン**。まずしいこと。貧乏、貧者、赤貧。とぼしい、みすぼらしいの意で、貧相、貧弱、貧血　○**貪はドン、タン**。むさぼる、欲深い意味で貪欲、慳貪、貪吏（たんり）

損と捐

○**損はソン**。そこなう、こわす、きずつけるなどの意で、破損、損害、損傷。利益が失われる損益、欠損。へるところから損耗、減損　○**捐はエン**。なげうつ、金や品物を提供する意味の義捐（援とも書く）。貸借関係の破棄で棄捐（令

斉と斎

○**斉はセイ**。ととのえる、そろえるの意で均斉、一斉、校歌斉唱。中国史の国名で、斉、北斉、南斉　○**斎はサイ**。神仏を祭るときの身を清める。いつき。斎戒、潔斎。読書のための書斎。雅号の柳生石舟斎、葛飾北斎。斎藤さんは斎

治と冶

○**治はチ、ジ**。おさめるの政治、自治、管理の治水、治産。なおす、いやすの湯治、治療　○**冶はヤ**。金属を溶かして物をつくることの意で冶金、陶冶、鍛冶（たんや）。なまめかしいことの艶冶

籍と藉

○**籍はセキ**。書物関係の書籍、典籍、漢籍。名簿及び登録するの意で、戸籍、国籍、除籍　○**藉はセキ**。乱れたさま。乱雑、乱暴なふるまいの意で、狼藉。シャと読むと借りる、かこつける、いたわり許すことから慰藉

2 読みは同じだが意味が違います

いじょう

異常▼正常の反対。常ではない。普通の反対

異状▼違った状態。よくない状態。異状なし

いどう

移動▼物が位置を変えて動く

異動▼職種、地位が変わる

いよう
偉容▼見た目が大きくて立派な姿、形
威容▼厳かに、かつ威圧的にそびえ立つ。威風堂々

うんそう
運漕▼「漕」は舟を漕ぐ。舟でものを運ぶ水運のこと
運送▼水運、空輸以外の手段でものを運ぶ。陸送

えいち
英知▼すぐれた才能、ゆたかな学識や教養
叡智▼物事の本質や道理に基づいた智慧や知識

おじ・おば
伯父・伯母▼父母の兄・父母の姉、その連れあい
叔父・叔母▼父母の弟・父母の妹、その連れあい

おそれ
恐れ▼こわがること、不安や心配のこころ
畏れ▼神仏や自然などへの敬いのこころ

かいとう
回答▼「回」はまわす。問い合わせに対して返事をする
解答▼質問を解いて答えを出すこと。入試問題の解答

かこく

苛酷▼やり方が血も涙もなくむごいこと、無慈悲

過酷▼やり方が度を超して厳しいこと、激しいこと

かんさ

監査▼団体や会社などの経理を監督し検査する

鑑査▼美術品などの価値を鑑定すること

かんさつ

観察▼物事や現象をありのまま注意深くみること

監察▼業務上、不正がないか調査し監督する

かんしょう

鑑賞▼芸術作品などを理解をもって楽しむこと

観賞▼動植物や自然の景観を見て楽しむこと

きせい

既成▼すでにできあがっていること。既成概念

既製▼注文ではなく、すでにある商品。既製服

きょうどう

共同▼二人以上の人が一緒に何かをすること

協同▼みんなで分担し助けあって何かをすること

きょうはく　脅迫▼脅して相手に要求をのませる。刑法用語
強迫▼不安や恐怖をあおって無理じいする

さいけつ　採決▼出席者の賛成か反対かの意志表示を決める
裁決▼上級者が善悪を裁いて決めること

さいご　最後▼最初があっての最後。物事のおしまい
最期▼人の命の火が消えるとき。臨終。命のおしまい

しゅうせい　修正▼間違いや不十分な箇所を正しくなおす
修整▼写真や絵画などに手を加えること

しんどう　振動▼振り子のように周期的に揺れ動くこと
震動▼地震や火山の噴火などの大地の揺れ

しんにゅう　侵入▼他人の領域に不法に入りこむこと
浸入▼水が土地や建物にひたひたと入りこむ

せいけい　**整形**▼手術などによって形を整えること
成型▼型に嵌めて同じ形のものをつくる

せいさく　**製作**▼材料を加工し道具を用いてものをつくる
制作▼美術品や映画などの創作品をつくる場合

たいせい　**体制**▼国家、システム、組織を構成するかたち。方針やしくみによってつくられた形態。資本主義体制
態勢▼事態に対応するかたち。独走態勢

ついきゅう　**追求**▼利益などを求めること
追及▼追いつめること。犯人の足取りを追及

どうし　**同士**▼仲のよい友達
同志▼主義主張，教義で結びついた仲間

とくちょう　**特徴**▼他に比べて特に目立ったきざし
特長▼そのもっとも優れたところ。長所

ひうん
悲運▼悲しい運命
非運▼運が悪いこと

へんしゅう
編集▼ばらばらなものを整え、集める
編修▼辞書、書物（大作）を作る

ほしょう
保障▼保護、一つの状態を存続させる
保証▼責任をもって請け負う

やせい
野生▼自然に生きる動植物。「野生動物」
野性▼荒々しい性格、態度

ゆうぎ
遊戯▼遊び戯れる。危険な遊戯
遊技▼娯楽としての遊び。ゲーム

3 字は同じだが読みが違います

追従

ついじゅう▼追い従う。物事のあとにつき従う。人の意見に～する。「日本の自動車産業は他国の～を許さない」 **ついしょう**▼こびへつらうこと。おべっかをつかうこと。阿諛追従、気に入られようとお世辞をいう。「ヤツの社長への～ぶりには、まったくヘドが出る」

評定

ひょうじょう▼会議、評議をして決定する。「追って評定所にて吟味する」小田原評定（ものごとが全く決まらない会議） **ひょうてい**▼評価して判定をくだす。一定の尺度でもって物事の価値、役割、評価をきめる。勤務評定

身代

しんだい▼一身一族に属する資産、財産、信用など。「多田屋の～も一代限り。そろそろ店をたたむか」 **みのしろ**▼身の代金、身代金。「いますぐ身代金の三千万を用意しろ」

変化

へんか▼かわること　**へんげ**▼形がかわって他のものになって現れる。七～。権化（ごんげ）「金の権化」。動物などに姿をかえる。「あの山には妖怪～が住む」

上手

じょうず▼うまい。物事がたくみなこと。みごとなこと。如才ない、お世辞「まあ、お～なこと」。たくみ「いやー、彼女はなかなかの床～で」。名人～

かみて▼舞台で、観客席から右が～、左が下手（しもて）

気骨

きこつ▼自分の信念に忠実で、容易に妥協しない。「あの政治家はちかごろでは珍しい～ある人物だ」。気概。骨のある　**きぼね**▼気苦労、心配。きづかい。～が折れる「ともかく、あれだけの人を接待するのだから～が折れるよ」

造作

ぞうさ▼手間や費用、日にちがかかること。面倒なこと。～もない「一日もあれば～もないことで」　**ぞうさく**▼つくること。つくり。家の～。あるいは施設の～。～が悪い「どうも家の～が悪いのか、雨漏りがする」

後生

ごしょう▼仏→死後ふたたび生まれる、前世、今生、後世。この世で徳を積む。ひとに折り入って頼む言葉「～だから助けてください」　**こうせい**▼のちの世、名を～に伝える。年若い人、～楽しみだ。子孫のこと

好事 **こうじ**▼よいこと、めでたいこと。～魔多し（よいことばかりはそうはない）。～門を出でず（とかくよい評判は伝わりにくい） **こうず**▼変わったことを好む、風流をこのむ、ものずき。～家「あの方はなかなかの～家で、部屋にちゃんと茶室を設けています」

能書 **のうがき**▼薬などに書かれてある、その効果をあらわすこと。効能書き。自分の得意とすることを、人に語る。自己宣伝「君の～はいいから、答えを早くいいなさい」 **のうしょ**▼文字を巧みに書くこと。また書く人。～家

末期 **まっき**▼終わりの時期。近世～。どうしようもない事態「うちの会社も社長の女狂いと借金でまさに～的情況だ」 **まつご**▼死にぎわ。臨終。～のみず（死に水）

利益 **りえき**▼利すること。もうけ。とく。「～の半分は私に」 **りやく**▼ためになること。恩恵、神仏の力によってさずかること。ご加護。現世～（神仏を信仰することでこの世で得られる利）「結構なご～で」

さて、この漢字の部首は？

劉分 券初	兌兆 児競	凱凪 処凡	弁弄 廿彝	甄瓱 甍瓶
原厴 暦厨	翳翔 翰翠	疎疑 楚胥	皺皷 皰皸	医区 匹匿
貌貘 貉貂	像豚 豪象	さんずいとか、きへんとか、小学校で習いましたよね。得意でしたか？	屁屓 尹履	臾舅 學興
覆覇 要賈	黔墨 黛黶		麩麺 麹麭	幀帚 市師
農辱 辰蜃	辟辣 辜辞		殷殻 殴殺	黻黼
肛膠 脊胤	罐罎 罍罅	飲歔 欲歌	虔虒 虜彪	肆肇 晝粛
靫鞴 鞭鞏	式弑 貳弍	鬯 鬱	影彦 鬱彭	韜 韓
戮截 我戊	耜耡 耗耕	發登 癸発	鼇鼈	斟斡 魁料

瓦 かわら	井 にじゅうあし	几 きにょう つくえ	儿 ひとあし にんにょう	刀 りっとう かたな
匸 かくしがまえ	皮 けがわ ひのかわ	疋 ひき	羽 はね	厂 がんだれ
臼 うす	尸 しかばね	部首の名称は複数あるものもあり、ここに紹介したものが、すべてではありません。	豕 いのこ	豸 むじな
巾 はば	麥 むぎ ばくにょう		黒 くろ	襾 にし あがしら
黹 ふつ ぬいとり	殳 ほこづくり るまた		辛 からい しん	辰 しんのたつ
聿 ふでづくり	虍 とらがしら	欠 あくび けんづくり	缶 ほとぎ みずがめ	肉 にくづき
韋 なめしがわ	彡 さんづくり	鬯 ちょう においざけ	弋 しきがまえ	革 つくりがわ かくのかわ
斗 とます ますづくり	黽 べん	癶 はつがしら	耒 らいすき	戈 ほこがまえ

こちとら嫡々の江戸っ子でぇ

いい歳して蒲魚ぶるな

お侠な娘に育っちまって

不束な娘ですが末長く……

気障な奴だが憎めない

自惚れるのもいい加減にしろ

あて字とわかっていても厄介

不貞不貞しい態度

無惨に散った果無い夢

老眼で足元が覚束ない

そんな篦棒な話、信じられん

猪口才な、手向かいいたすか

おまえの声は五月蠅い

こちとら**嫡々**の江戸っ子でぇ
ちゃきちゃき
生粋（きっすい）／遣（や）り手

いい歳して**蒲魚**ぶるな
かまとと
（蒲鉾は魚から）とよく知っているのに知らないふり

お侠な娘に育っちまって
おきゃん
おてんば

不束な娘ですが末長く……
ふつつか
行き届かないさま

気障な奴だが憎めない
きざ

自惚れるのもいい加減にしろ
うぬぼれ

不貞不貞しい態度
ふてぶてしい
ずうずうしい　▽不貞腐（ふてくさ）れる。不貞寝（ふてね）

無惨に散った**果無い**夢
はかない
確かでない。あっけない

老眼で足元が**覚束ない**
おぼつかない
はっきりしない／心細い、不安だ

そんな**篦棒**な話、信じられん
べらぼう
ばかばかしい、でたらめなさま／はなはだしいさま

猪口才な、手向かいいたすか
ちょこざい
小生意気な

おまえの声は**五月蠅い**
うるさい
（五月の蝿は）わずらわしい、さわがしい

大雨で交通が寸々になった

態態出かけたのに留守だった

素見しのつもりが買っちゃった

あのヤロー巫山戯やがって

昼も夜も我武者羅に働く

小忠実にメールを返信する

失敗を有耶無耶にする

二進も三進もいかない

腹癒に仕返しした

吉報に思わず北叟笑む

伸るか反るかやってみよう

継接だらけの服

あて字とわかっていても厄介

大雨で交通が**寸々**になった
ずたずた
きれぎれになったさま

態態出かけたのに留守だった
わざわざ
わざと。特別に。ことさら

素見しのつもりが買っちゃった
ひやかし
買う気もないのに／面白半分にからかう

あのヤロー**巫山戯**やがって
ふざけ
動詞の**ふざける**が普通

昼も夜も**我武者羅**に働く
がむしゃら
血気にはやり、向こうみずなこと

小忠実にメールを返信する
こまめ
まめまめしい／ちょこちょこよく動く

失敗を**有耶無耶**にする
うやむや
いい加減。あいまい

二進も三進もいかない
にっちもさっちも
どうにもこうにも　▽そろばん用語

腹癒に仕返しした
はらいせ
怒りや恨みを他のことではらすこと

吉報に思わず**北叟笑む**
ほくそえむ
してやったりと笑う

伸るか反るかやってみよう
のるかそるか
一か八か

継接だらけの服
つぎはぎ
継ぎあわせ、はぎあわせ

どうでっか？まあ点々ですわ

心寂しい秋の夕暮れ

徒や疎かにできない

吃驚したなあ、もう

そんな心算じゃなかった

手薬煉ひいて待ってるゾ

只管頑張るしかない

幼気な子を虐待する事件が

正面にぶつかったところで

瓦落多ばっかり集めて……

その日は生憎と都合が悪くて

負けたら竹篦だよ

あて字とわかっていても厄介

どうでっか？　まあ**点々**ですわ
ぼちぼち
ぼつぼつ

心寂しい秋の夕暮れ
うらさびしい
なんとなくさびしい

徒や疎かにできない
あだやおろそか
いい加減。なおざり

吃驚したなあ、もう
びっくり

そんな**心算**じゃなかった
つもり

手薬煉ひいて待ってるゾ
てぐすね
用意をととのえて機会を待つこと

只管頑張るしかない
ひたすら
いちずに。一向とも書く

幼気な子を虐待する事件が
いたいけ
幼くて可愛いさま　▽幼（いとけな）い

正面にぶつかったところで
まとも
真面とも書く

瓦落多ばっかり集めて……
がらくた
我楽多とも書く

その日は**生憎**と都合が悪くて
あいにく

負けたら**竹篦**だよ
しっぺ
指で打つこと。しっぺい

あて字とわかっていても厄介

きみも没分暁漢だな
固唾をのんで見守る
突慳貪な返答にムッとした
宿酔で頭が痛い
囈語で違う女の名を……
驀地に突き進む

鯔背な姿に男も惚れる
転寝をして風邪をひいた
阿婆擦れだが可愛い面も
悄悄引きさがるしかなかった
可惜いいチャンスを逃した
翻筋斗うって倒れた

きみも**没分暁漢**だな
わからずや
分からず屋とも書く

固唾をのんで見守る
かたず

突慳貪な返答にムッとした
つっけんどん
とげとげしく無愛想なさま

宿酔で頭が痛い
ふつかよい
二日酔いとも書く

囈語で違う女の名を……
うわごと
譫言とも書く

驀地に突き進む
まっしぐら
一目散（いちもくさん）

鯔背な姿に男も惚れる
いなせ
粋で威勢のいいこと

転寝をして風邪をひいた
うたたね
まどろむこと。仮睡　［反］熟寝（うまい）

阿婆擦れだが可愛い面も
あばずれ
ずうずうしく、品行の悪い女

悄悄引きさがるしかなかった
すごすご
がっかりして立ち去るさま　▽悄然（しょうぜん）

可惜いいチャンスを逃した
あたら
惜しいことに

翻筋斗うって倒れた
もんどり
宙返り。トンボ返り

おいしいものを鱈腹食べた

うたたねをして盗汗をかいた

こら余所見をするな

ここで怖気づいたら男がすたる

思ったより呆気なかった

この木偶坊め、しっかりやれ

身の毛が弥立つ思いをした

なんとも胡散臭いやつだ

外連みのないピッチング

満員電車で押合い圧合い

形は大きいが、肝っ玉が……

若気た若者が増えてるよね

あて字とわかっていても厄介

おいしいものを**鱈腹**食べた
たらふく
腹いっぱい

うたたねをして**盗汗**をかいた
ねあせ
普通は寝汗と書く。

こら、**余所見**をするな
よそみ

ここで**怖気**づいたら男がすたる
おじけ
おそろしいとひるむ気持ち

思ったより**呆気なかった**
あっけなかった
はりあいがない

この**木偶坊**め、しっかりやれ
でくのぼう
気のきかない人。木偶は木彫りの人形

身の毛が**弥立つ**思いをした
よだつ
寒さ、怖さで身の毛が立つ

なんとも**胡散臭い**やつだ
うさんくさい
油断ができない

外連みのないピッチング
けれん
ごまかし。はったり。歌舞伎で、受けを狙った芸

満員電車で**押合い圧合い**
おしあいへしあい

形は大きいが、肝っ玉が……
なり
からだつき。身なり

若気た若者が増えてるよね
にやけた
男が着飾ったり、化粧したりする

ギャンブルでスって素寒貧

今シーズンは最下位の為体

温和な為人を見込んで

盛り場の路地で強請られた

洒落臭い！　ほっといてくれ

不成者にからまれた

こんなに梃子摺るとは

お二人の首途を祝して乾杯

その考えは浅墓だね

依怙地になって完成させた

正月の準備で大童なんです

ごめん、仕事に雁字搦めでさ

あて字とわかっていても厄介

ギャンブルでスって素寒貧
すかんぴん
一文なし

今シーズンは最下位の**為体**
ていたらく
様子。ありさま

温和な**為人**を見込んで
ひととなり
生まれつきの性質。人柄

盛り場の路地で**強請られ**た
ゆすられ
おどして金品をまきあげる

洒落臭い！　ほっといてくれ
しゃらくさい
生意気だ。こしゃくだ

不成者にからまれた
ならずもの
ごろつき（破落戸、ならずものとも読む）

こんなに**梃子摺る**とは
てこずる
もてあます。手古摺るとも書く

お二人の**首途**を祝して乾杯
かどで
旅立ち。新しい生活を始めること。門出

その考えは**浅墓**だね
あさはか
考えが足りないさま

依怙地になって完成させた
いこじ
いじっぱり。**えこじ**ともいう

正月の準備で**大童**なんです
おおわらわ
なりふりかまわず大奮闘するさま

ごめん、仕事に**雁字搦め**でさ
がんじがらめ
精神的に縛られて、自由に動けなくなること

第二章

読めます、解ります研究編

◎漢検１級への道 音編
◎漢検１級への道 訓編
◎漢検１級への道 超難読編

千金を買う市あれど、壱文字を買う店なし 篇

（文字は自分で覚えるしかない）

ここを突破すれば、立派な日本人。
六割を攻略できれば立派すぎる日本人。
小説、論文お手のものの四〇〇アイテム。
しかし、難しいのもあるぞ。
漢字検定1級も夢ではない第二章。

注：漢字に多くの意味のあるものは、もっともよく使用されているものを挙げた。

畢竟　隠匿　流暢　顛末

炯眼　賄賂　間隙　啓蟄

忌憚　永劫　蓬髪　穎才

鞭撻　比喩　驕傲　救荒

ひっきょう
つまるところ。つまりは。畢も竟も終わりの意 ▽それについては〜金の問題がネックだ

けいがん
洞察力に優れる。炯はキラキラ光る。眼力が確かなこと ▽彼の〜には恐れ入る

きたん
忌(い)み憚(はばか)る。遠慮する。わずらわせる ▽どうぞ、〜のない意見を述べてください

べんたつ
いましめ励ます。励まし鞭打つ。処罰していましめる ▽よろしくご〜のほど

いんとく
包み隠す。秘密にする。匿(かくま)うこと。隠された悪事 ▽〜罪、〜物資、犯人〜

わいろ
不正な金品授受。賂(まいない)。袖の下。職務による不当な報酬 ▽〜政治。贈収賄で逮捕

えいごう
無限に近い歳月。劫は仏教での時間の単位、無限の期間 ▽〜回帰(永遠に繰り返される)

ひゆ
譬喩とも書く。物事を説明するのに類似したモノを比較しておこなう ▽〜にされる

りゅうちょう
流れるように淀(よど)みのないこと。暢はのびる、すすむ ▽彼は〜な英語を話す

かんげき
あいだ。間はあいだ、隙はすきま。隙地(ゲキチ)は小さな空き地 ▽その〜をぬう

ほうはつ
蓬(よもぎ)のようにのび、ばさばさの髪。▽弊衣〜(くたびれた服にばさばさ頭。昔の学生の姿)

きょうごう
おごりたかぶる。驕は背伸びをして人の上に出る。傲はおごる ▽あの〜な態度

てんまつ
始めから終わりまでのさま。顛はいただき。いきさつ ▽事の〜を知って驚いた

けいちつ
冬ごもりの虫がはい出る。二十四節季のひとつ。二月の節(太陽暦では三月六日前後)

えいさい
英才とも書く。優れた才能やその持ち主。穎は他にぬきんでること ▽〜教育

きゅうこう
荒は飢饉(キキン)。これに対して手をさしのべること。旱荒(カンコウ、日照災害) ▽〜物資

邁進

黜陟

健啖家

痙攣

封緘

慳貪

慟哭

既往

象嵌

驥尾

刀自

猖獗

瘋癲

暖簾

謦咳

車軸

まいしん
勇みたって進む。邁はすすむ、過ぎ去る ▽勇猛～、進軍した。類似語、驀進(バクシン)

ふうかん
手紙の封。または封をすること。緘は綴じる、また箱を綴じるなわのこと

ぞうがん
金属、陶器、木材などに模様を刻み、そこに金銀銅などを埋めこむ技法

ふうてん
精神が正常でない、または定まった仕事を持たずふらふらしている人 ▽フーテンの寅さん

ちゅっちょく
功績のない者を退け、ある者を登用する。任免。古代中国の人材登用の常套句

けんどん
物を惜しみ貪(むさぼ)る。けちで強欲。情けがなくむごい。愛想がないこと、突慳貪(ツッケンドン)

きび
駿馬(シュンメ)の尾。驥は一日千里を走る馬、転じて鋭才、秀でた者。鋭才につく

のれん(ノンレンの転)
暖はノンと読む。もとは暖気を逃がさないための布、幕。部屋のしきり。老舗の看板

けんたんか
大食いの人。健はすごい、啖は食べる。胃が丈夫な人、で大食漢 ▽あの～ぶりには驚いた

どうこく
大声をあげて泣き叫ぶ。慟はひどく悲しむ。哭は泣き叫ぶ ▽訃報に接し～する

とじ
主として年輩の女性に対する敬意をこめた呼称。名前の下に記す ▽田中真紀子刀自

けいがい
謦はせき、咳もせきや笑い。つまり身近なこと ▽～に接する(お近づきになれて光栄です)

けいれん
筋肉が発作的に収縮を繰り返す ▽胃～。足に～を起こす。腓(こむら)がえり(脛の裏の痙攣)

きおう
過ぎ去ったこと。既も往もすでに。かつて、過去 ▽～症(昔かかった病気)。～はとがめず

しょうけつ
悪い物の勢いが盛んなこと。蔓延する。猛々しく荒々しいこと ▽悪性感冒が～を極める

しゃじく
車の軸、心棒。豪雨大雨の表現 ▽降ること～の如し(車軸のような太い雨。突然の大雨)

同じ読み方の言葉を線で結んでみましょう

愒気・	・倒壊
瞋恚・	・換金
韜晦・	・郊外
看経・	・臨機
咀嚼・	・新刊
宸翰・	・神意
糟糠・	・漆黒
浩瀚・	・海里
翩翻・	・好感
桎梏・	・租借
慷慨・	・走行
乖離・	・返本

悋気　りんき

嫉妬、やきもち、ねたみ。悋はもともとやぶさか、けちのこと。女性のやきもちの表現

瞋恚　しんい、しんに

瞋は怒り。[仏]自分の心に逆らうあらゆるものに怒り、そして恨む　▷～の炎を燃やす

韜晦　とうかい

自分の才能や地位身分を包み隠す。韜は包む、晦は隠す。行方を晦(くら)ます　▷自己～

看経　かんきん

経文を声を出さずに見読みする、経文の黙読。経はキン(唐音)

咀嚼　そしゃく

嚼(か)みくだき、そして味わう。文章などの意味を味わう、理解する　▷～能力が問題

宸翰　しんかん

天子みずから筆をとる文章。宸は宮殿、天子の住む場所(紫宸殿)。翰は羽根、転じて羽で作った筆、手紙、書

糟糠　そうこう

糟(酒かす)、糠(ぬか)。粗末な食べ物　▷～の妻、粗末なものを食べていたころから夫を支えた妻

浩瀚　こうかん

書物が多い。また巻が多くて長い本、書。浩も瀚も広大の意　▷～な蔵書、～な書

悋気 ●	● 倒壊
瞋恚 ●	● 換金
韜晦 ●	● 郊外
看経 ●	● 臨機
咀嚼 ●	● 新刊
宸翰 ●	● 神意
糟糠 ●	● 漆黒
浩瀚 ●	● 海里
翩翻 ●	● 好感
桎梏 ●	● 租借
慷慨 ●	● 走行
乖離 ●	● 返本

翩翻　へんぽん

旗などがひるがえる。翩は軽々と飛ぶ。翻はひるがえる、はためく　▷日の丸が～とはためく

桎梏　しっこく

桎(足かせ)と梏(手かせ)。縛ること。自由を束縛する。気になって動きがとれない　▷～となる

慷慨　こうがい

社会正義を訴え、その不正、不浄に憤り嘆く　▷○○政権の腐敗にひとり悲憤～する

乖離　かいり

背き離れること。へだたる。乖は道理にもとる、背くこと　▷政治と国民との～

情誼
晩餐
汪溢
慇懃

落胤
坩堝
遊弋
刮目

俚諺
憂鬱
鎬
軋轢

陋劣
罵声
社稷
曳航

じょうぎ
誼(よし)み。親しみ。互いの情愛。以前からの友好関係。誼は宜しくの同意語　▽友誼

らくいん
皇室大名家名士などの貴人が、妻以外の身分の低い女に産ませた子。おとしだね　▽ご～

りげん
俗世間のことわざ、民間のいいならわしや教訓、ことわざ。俚は田舎、俗っぽいこと

ろうれつ
いやしく劣(おと)っている。陋の本意は狭い小さい(陋屋)。小さいからまたはいやしい

ばんさん
夕食、特にあらたまった豪華な夕食。餐は食べる、ごちそう、食事の回数　▽最後の～

るつぼ
物質を溶かす耐火性のツボ。中が灼熱の状態、そこから混乱興奮の意　▽興奮の～。人種の～

ゆううつ
気がはれない、ふさぐ。憂はうれい、鬱はこもる(鬱蒼)、気分がふさぐ　▽～な日々

ばせい
罵(ののし)り騒ぐ声。罵は悪口を言う、悪態(アクタイ)をつく　▽面罵(面前で罵倒する)

おういつ
横溢とも。汪は水が広がる。溢(あふ)れるほど盛んなこと。水がみなぎり溢れる　▽元気～

ゆうよく
警備の船が敵を求めて巡回する。弋は鳥をからめ落とすため、矢にひもをつけたもの

しのぎ
刀の刃と棟(背)の間にある膨らんだ部分　▽～を削る(戦闘で激しく鎬がぶつかる。競り合う)

しゃしょく
国家、国体。社は土地の神、稷は五穀の神。建国に際してこれらを祀ったことから　▽～を憂う

いんぎん
慇(ねんご)ろなこと。ていねい。親しい交わり。男女の情交(～を通ずる)　▽～無礼な態度

かつもく
よく注意して見る。刮はけずる、えぐる、目をこらす　▽～に価する、～して待つ

あつれき
車輪が軋(きし＝轢)る、転じて互いの仲が不調となる。不和　▽事態が悪化、～が生じてきた

えいこう
船が他の船を引っ張って航行する　▽～船。『午後の曳航』、三島由紀夫の小説。映画化も

忸怩　濫觴　蒼氓　眷属

警邏　籠絡　霹靂　詭弁

磊落　諧謔　紅蓮　憐憫

捏造　双眸　蠱惑　怨嗟

じくじ
恥いるさま。きまりがわるい。忸も怩もはじる、ひけめを感じる ▽内心～たるものがある

らんしょう
大河も觴(さかずき)を濫(うか)べる小川から始まる。始まり、起源、おこり ▽ゴルフの～

そうぼう
他から移住してきた民。見捨てられた人々 ▽石川達三のブラジル移民を描いた小説

けんぞく
眷族とも書く。一族郎党、家族親戚、身内や仲間。眷はかえりみる、目をかける ▽罪～に及ぶ

けいら
警官が地域を巡回する。邏はめぐる、見回る ▽邏卒、かつての警察官の称 ▽巡邏

ろうらく
まるめこむ。巧みに取り入って、あやつる。籠はこもる、こめる ▽甘いことばで～する

へきれき
引き裂くように激しい連なった雷鳴。カミナリが落ちる ▽晴天の～(突然の事態の急変)

きべん
非を理と言い曲げる。道理に合わない弁論。こじつけの論理 ▽よくもあんな～を弄するものだ

らいらく
小事にこだわらないこと。磊は石がゴロゴロしたさま。あけすけ ▽豪放～

かいぎゃく
気の利いた言葉。ユーモア。おどけ、滑稽な言葉、しゃれ ▽～曲(スケルツォ)。～小説

ぐれん
真っ赤なこと。[仏]紅色の蓮花、猛火の炎の色にたとえる。猛火の地獄絵 ▽～の炎に包まれる

れんびん
憐(あわ＝憫)れみ情けをかけること。かわいそうに思うこと(不憫に感じる) ▽～の情

ねつぞう
事実でないことを事実のように操作する。ごまかし。ネジ曲げる ▽証拠を～する

そうぼう
左右両方の瞳。両目。眸はひとみ。また目を見ひらいてよく見る ▽～が突然曇ってきた

こわく
心を引きつけ、惑わす。蠱は人を惑わせ、呪う虫。とろけさせる魅力 ▽あの～的な唇

えんさ
怨(うら)み嗟(なげ)くこと。恨みと非難 ▽過酷な弾圧に各地から～の声が巻き起こった

同じ読み方の言葉を線で結んでみましょう

肇国・	・怪獣
荊冠・	・歌詞
瀟洒・	・彫刻
固陋・	・虎口
瑕疵・	・布袋
晦渋・	・景観
股肱・	・勝者
膾炙・	・西瓜
紐帯・	・古老
補綴・	・古都
糊塗・	・中退
誰何・	・会社

肇国　ちょうこく
はつくにとも読む。初めての国また国の始め。建国　▷ハツクニシラス天皇（神武、崇神天皇）

荊冠　けいかん
荊（いばら）の冠。受難にあうこと。イエス・キリストが処刑のとき、十字架の上でかぶせられた冠

瀟洒　しょうしゃ
すっきりとしてあか抜けたさま　▷なかなか〜な身なりだ。また俗世を離れ、こだわりがないこと

固陋　ころう
器量、見聞、道理にうとく、かたくななこと　▷頑迷〜（かたくなで道理に疎く、考え方がせまい）

瑕疵　かし
きず、欠点。欠陥。［法］あるべき要件性質が欠けている、また、しまったこと　▷〜責任

晦渋　かいじゅう
言葉、文章などが難しくて意味がとれないこと。晦はくらい　▷あまりの〜な文章に戸惑う

股肱　ここう
ももとひじ。転じて手足となって働く　▷〜の臣（君主のそばにあって、それを守り補佐する、忠臣）

膾炙　かいしゃ
人々のよく知るところ。膾（なます）と炙（あぶ）り肉、どれも万人の好物　▷人口に〜する

肇国・	・怪獣
荊冠・	・歌詞
瀟洒・	・彫刻
固陋・	・虎口
瑕疵・	・布袋
晦渋・	・景観
股肱・	・勝者
膾炙・	・西瓜
紐帯・	・古老
補綴・	・古都
糊塗・	・中退
誰何・	・会社

紐帯　ちゅうたい
紐と帯、転じて二つのモノを結びつける役割。地縁血縁あるいは利害など　▷両民族の〜

補綴　ほてい
ホテツとも。破れたところを補い綴（つづ）る。詩文を作るとき、古い句を綴り合わせ完成させる

糊塗　こと
ややこしい、汚いところを糊で貼って隠しごまかす。転じて適当にその場をとりつくろう

誰何　すいか
呼びとめる。名を問いただす。「誰（スイ）か」と呼びとめる。検問、職質　▷突然〜された

麻痺

恤民

狭窄

暗渠

忍辱

烙印

燦然

放蕩

錯綜

顰蹙

懸崖

僻陬

流謫

咄嗟

苫屋

浩然

まひ
痺（しび）れる。感覚がなくなる→本来のあるべき活動、行動が鈍くなる▽金銭感覚が〜する

にんにく
［仏］あらゆる侮辱、迫害、障害を自ら受け入れ、そして恨まない心▽〜の袈裟をまとう

さくそう
複雑に入り乱れる、まじる。錯はタテヨコが重なる、揃わない（交錯）▽情報が〜する

るたく
罪を負って遠方に流される。島流し。謫は責める、罪するあるいは左遷する▽今は〜の身

じゅつみん
恤（あわれ）む、思いを巡らす、気の毒な人を憂い施す。福祉政策▽〜策

らくいん
焼き鏝（こて）で印をつける、転じて決める、思いこませる▽おちこぼれの〜を押す

ひんしゅく
不快さに眉を顰（ひそ）める。不興。顰はしかめる、蹙はちぢむ▽その話題は〜を買った

とっさ
突然、たちどころ、瞬間。またチェッと舌打ちして嘆くこと、注意を促す▽〜に判断する

きょうさく
すぼまっていて狭い。窄は窮屈な状態または無理に狭めること▽〜射撃（小銃による模射）

さんぜん
きらきらと輝く、鮮やかでくっきりとした。愛燦々と……の燦▽あの記録は今も〜と輝いて

けんがい
切り立ったような崖。また後がないこと▽〜に立つ、〜にあたる（後のないせっぱ詰まった状態）

とまや
苫（菅や茅で編んだもの）で屋根を葺（ふ）いた小屋。粗末な小屋▽浦の〜の秋の夕暮れ（藤原定家）

あんきょ
おおいをした水路、溝。灌漑や排水のための地下に設けた溝。渠はみぞや水路、運河

ほうとう
蕩（ほしいまま）に振舞う。品性が定まらないこと。酒色に溺れ、好き勝手に振舞う▽〜息子

へきすう
遠く離れたへんぴな土地。僻地（へきち）。僻は中心から離れていること、陬はすみ、はし

こうぜん
心などが広くゆったりしているさま▽〜の気（俗事から解放され、わだかまりのない心境）を養う

吶喊

熾烈

散佚

研鑽

味蕾

鐚銭

驟雨

充填

間諜

含羞

相伴

瑞祥

蘊蓄

荏苒

矍鑠

正鵠

とっかん
大勢が息を止め、そして一気に大声をあげる。敵陣目指して一斉に突撃する声。ときの声

みらい
[医] 味覚を司る器官。舌にある味を区別する感覚細胞からなる ▽どうも~が麻痺している

かんちょう
スパイ。敵の内部に入りこみ、その情勢を探り味方に報告する者。間者 ▽敵国に~を放つ

うんちく
豊富な知識とその蓄積。事柄を深く掘りさげる。蘊は極致、ものごとの奥底 ▽~をかたむける

しれつ
勢いが盛んで激しい。熾はかがり火が赤々と燃えるさま ▽受験競争は~をきわめた

びたせん
室町~江戸期の貨幣で、摩滅、破損、造りが悪いもの。粗悪な銭 ▽ビタ一文払わない

がんしゅう
羞(恥)じらいを含む。恥ずかしくて身がすくむ思い。こはずかしい ▽~にみちたその眼差し

じんぜん
荏はだらしない、苒はじわじわ。なんとなく歳月の過ぎゆくさま。のびのびになる

さんいつ
散逸。まとまっていた書籍や文献がちりぢりになり、失われること ▽源氏の原本が~

しゅうう
急に降りだし、すぐにやむ雨。にわか雨。驟は馬のかけ足、にわか ▽~に煙った古城

しょうばん
主賓に伴い、同じ饗応を受ける。転じて他人に便乗してその利益を得る ▽お~にあずかる

かくしゃく
年老いても丈夫で元気なこと。矍はキッとなって素早く反応する。鑠は赤々と輝く

けんさん
学問、技量、物事などを深くきわめる。鑽はキリ、キリのように穴を穿つ ▽~を重ねる

じゅうてん
あいたところにモノを詰めてふさぐ。填はすきまを埋める、ふさぐ ▽銃に弾丸を~する

ずいしょう
めでたいしるし。瑞はたま、しるし ▽瑞兆 ▽たなびく雲に~を予見した(瑞雲)

せいこく
弓の的の中央の黒い星のこと、転じて狙いどころ、物事の急所。要点 ▽~を射る(得る)

敷衍　鞫問　稠密　懺悔

猥褻　拿捕　蛾眉　旦夕

汎用　匍匐　創痍　螺旋

耄碌　焙煎　駘蕩　対峙

ふえん
意味をおし広げる。わかりやすく解説する。衍は注釈、説明 ▽この言葉を～して言えば

きくもん
罪を徹底的に問いただす。鞫訊(キクジン)。鞫はただす。きわめる。取り調べ。追及

ちゅうみつ
多く集まり、混み合う。稠も密もつまること、密度が高い ▽人口が～している地域

ざんげ
キリスト教で神の前で罪を告白し、悔い改め誓う。懺はくいる、また心を切りさく

わいせつ
男女の性に関する事柄、事件。社会風俗に反する性的な態度。いやらしく淫らなこと

だほ
捕える。拘束し自由を奪う。拿は力ずくで捕える ▽日本海で漁船が～された

がび
美人のたとえ。蛾の触覚のような三日月の眉、美人の眉の形容。また三日月の形容

たんせき
旦は朝、朝夕。あけくれ、転じて終始 ▽事態～に迫る(危急、危篤などが切迫する)

はんよう
いろんな方面に利用することが可能なこと。汎はあまねく、漂う ▽このパソコンは～性が高い

ほふく
腹ばいで這う。軍隊の特に歩兵が地に伏して銃を操りながら足と肘で進む ▽～前進

そうい
切り傷と手傷。こうむった損害 ▽満身～(全身傷だらけ、転じて集中非難、集中砲火を浴びる)

らせん
螺(にし)の殻のようにぐるぐると旋回するさま。渦巻線、スパイラル ▽～階段

もうろく
老いぼれる。耄は老いぼれ、碌はぼろぼろに割れた小石、また役に立たないこと

ばいせん
火で焙(あぶ)る、煎(い)る。お茶、コーヒーなどの製造処理方法 ▽～したてのコーヒーは旨い

たいとう
のどかなこと、のんびりしたさま。駘はのろまな馬。おっとりしているさま ▽春風～

たいじ
相対する。向かい合う。峙はそばだつ、じっと動かないこと ▽両軍～して動かなかった

傀儡
馥郁
颯爽
稀覯本

恩讐
駿馬
偸盗
半可通

揺籃期
聳動
鳩首
諒闇

殺戮
草莽
贖罪
僥倖

かいらい
操り人形。転じて人の手先となって働く者。傀儡師（くぐつし、人形遣い）▽アメリカの～政権

おんしゅう
情けと讐（あだ）。情としてはわかるが敵である以上は、といった矛盾した心情 ▽～の彼方

ようらんき
揺籃はゆりかご。ゆりかご時代、つまりまだまだ発展途上のこと ▽宇宙開発はいまだ～

さつりく
むごたらしく多くの人を殺すこと。戮は残酷なやり方で殺す ▽許されざるナチスの大量～

ふくいく
よい香りが漂う。馥はかんばしい。香り。郁ははなやか、あでやか ▽その～たる梅の香

しゅんめ
馬をメと読む。よく走る優れた馬。駿はすらり高く速い馬 ▽18頭の優駿が栄光を目指す

しょうどう
動揺を与える。聞き耳を立てる。聳はそばだたせる、恐れおののく ▽世間を～させた事件

そうもう
草の生い茂る場所。くさむら転じて在野、民間、どこにでもある民草 ▽～の臣

さっそう
その態度、行動が勇ましくきびきびしている ▽六甲颪（おろし）に～と。～と登場

ちゅうとう
トウトウの慣用句。ぬすっと。泥棒。偸はひそかに、こっそりと盗む ▽芥川の小説「～」

きゅうしゅ
鳩は集まる、群れるの動詞（鳩は常に群れているので）。人々が集まって相談する

しょくざい
贖はあがなう。財貨をはらって身柄を引き取る。キリスト教では神に乞うて罪をあがなう

きこうぼん
古書や初版本、限定本など一般に入手困難な書籍のこと。稀はまれ、覯は出会うの意

はんかつう
よく知らないのに知ったかぶりをする。またそう振舞う。通人ぶること

りょうあん
天子が父母の喪に服する時期・期間。一年と定められている ▽～中につき、自粛する

ぎょうこう
思いがけないしあわせ。偶然、とつぜん舞い降りてきた幸運、身分不相応なさいわい

玩弄

衒学

悉皆

垂涎

鉄漿

逼塞

贔屓

検校

使嗾

蓋然

阿諛

蹲踞

弑逆

改竄

奸佞

葷酒

がんろう
おもちゃにする。弄(もてあそ=玩)ぶ。なぶりものにする。愚弄する ▽女性を~する愚劣さ

げんがく
学問のあることをひけらかすこと。衒はてらう、学才、才能、外見を見せびらかす

しつかい
ものみな、ことごとく。まこと真実、また熟知すること ▽~屋(染め物、洗い張り屋)

すいぜん
文字通り、涎(よだれ)をたらす。欲しくてたまらない、手に入れたいと思うこと ▽~の的

おはぐろ
本来は**かね**。歯を黒くする習慣。平安以降貴人がおこなう。江戸期の既婚女性のしるし

ひっそく
どうしようもない、八方ふさがり状態、またそのため忍びかくれる ▽田舎に~して

ひいき
特別に目をかける。ヒキの転。力をそえて助ける。後援 ▽~目、都合よく理解する

けんぎょう
①点検し監察すること ②盲人の最上級の官位(江戸時代) ▽八橋検校、近世箏曲の創始者

しそう
指嗾とも書く。指示してそそのかす、またけしかける。送りこむ。嗾はそそのかす

がいぜん
あるいは、ひょっとしてそうなるかもしれないこと。可能性がゼロではない。必然の反対

あゆ
阿も諛もおもねりへつらうこと、相手の機嫌をとる ▽~追従(おもねりしたがう)

そんきょ
貴人の通行に際し、膝を折って蹲(うずくま=踞)り頭を垂れる敬礼。相撲でつま先立ち

しぎゃく
しいぎゃくは慣用。臣下が主君を殺害すること。子が親を。大逆 ▽光秀が信長を~した

かいざん
不当に改める。字句などをわざと改める。竄は押しこめる、もぐりこませる ▽~する

かんねい
口先だけで、ずるがしこく、こころ根がねじれた者。悪人のたとえ ▽君側の奸人、佞人

くんしゅ
酒と葷、つまりニラ、ネギなど臭気のきつい植物 ▽葷酒山門に入るを許さず

同じ読み方の言葉を線で結んでみましょう

蝟集・	・円舞
陥穽・	・亡霊
閨房・	・感性
輻輳・	・異臭
容喙・	・警棒
嚆矢・	・妖怪
偃武・	・服装
知悉・	・夏期
暴戻・	・介護
花卉・	・講師
悔悟・	・皇室
膠漆・	・地質

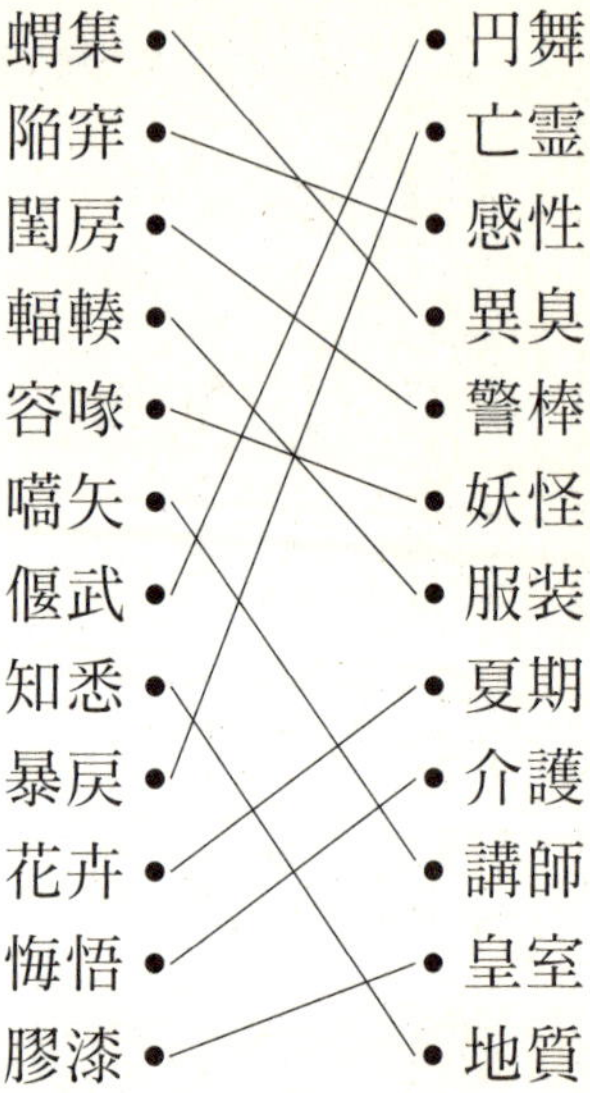

蝟集 •	• 円舞
陥穽 •	• 亡霊
閨房 •	• 感性
輻輳 •	• 異臭
容喙 •	• 警棒
嚆矢 •	• 妖怪
偃武 •	• 服装
知悉 •	• 夏期
暴戻 •	• 介護
花卉 •	• 講師
悔悟 •	• 皇室
膠漆 •	• 地質

蝟集　いしゅう
蝟はハリネズミの毛。ちょうど蝟のように、多く寄り集まっている　▷各地から群衆が〜

陥穽　かんせい
獣、獲物を捕える穽(あな)、落とし穴、転じて人を陥れるはかりごと ▷〜にはまる(罠にはまる)

閨房　けいぼう
女性の部屋。宮中の小門(その先に婦人の部屋がある)。情交の場所。閨はまた上品(閨秀)

輻輳　ふくそう
方々から物が一カ所に集まり、混み合う。集中する　▷あらゆる交通機関が〜する

容喙　ようかい
喙はくちばし。横あいから口をはさむ。話にくちばしを入れる。俗にでしゃばる

嚆矢　こうし
嚆は鏑矢(かぶらや、音が鳴る矢、宣戦布告をしるす矢)、転じて物事の始まり

偃武　えんぶ
偃は伏せること。武(武器、武力)を伏せて用いない、つまり戦争が止むこと　▷元和〜

知悉　ちしつ
知りつくす。詳しく知っている。悉(ことごと)くはすべて　▷そのことは充分〜している

暴戻　ぼうれい
あらあらしく人倫、道理にもとること。悪逆非道　▷皇帝ネロは〜の限りを尽くした

花卉　かき
草花。鑑賞用のために栽培した草花、植物。卉は多くの草のこと　▷〜園芸

悔悟　かいご
前非を悔い悟る。悔はくやむ(後悔)、暗い気持ちになる ▷〜の念に苛(さいな)まれる

膠漆　こうしつ
膠(にかわ)と漆(うるし)。転じていずれも離れにくいところから、親密な関係　▷〜の交わり

周章狼狽

三百代言

秋霜烈日

衆人環視

蟷螂之斧

昼夜兼行

明眸皓歯

閑話休題

髀肉之嘆

遼東之豕

鎧袖一触

一陽来復

苛斂誅求

玩物喪志

旗幟鮮明

しゅうしょうろうばい
周章も狼狽もあわてふためき、うろたえること　▽敵の突然の乱入に城内は〜した

さんびゃくだいげん
弁を弄して、社会を惑わし、信用されないこと。明治初期の弁護士(代言士)の蔑称

しゅうそうれつじつ
秋の霜、夏の日照(烈日)のように、厳しいこと。権威、意志、刑罰などの厳格なさまのたとえ

しゅうじんかんし
多くの人々が周りを取り囲んで、見ていること　▽〜のもと、その発言はなされた

とうろうのおの
蟷螂(かまきり)は誰にでも斧を振りかざす。弱い者が自分の力量を知らず戦いを挑むたとえ

ちゅうやけんこう
昼夜関係なく働く。道を急ぐ。兼行は二日分の距離を進む　▽〜の突貫作業

めいぼうこうし
美しい澄んだ瞳(眸)と真っ白な歯。美人のたとえ。杜甫が楊貴妃の美しさを詩に詠んだ

かんわきゅうだい
それはさておき、さて。閑話はムダ話、休題は話をやめること。話を本筋に戻すことば

ひにくのたん
実力発揮の場がないこと。馬に乗らないので内腿(髀肉)に贅肉がついてしまった

りょうとうのいのこ
遼東で白いブタ(豕)が発見され、珍しいと都に行ったら、都ではどこにでもいた。世間知らず

がいしゅういっしょく
敵を簡単に葬(ほうむ)りさる。鎧(よろい)の袖にちょっと触れた程度の力で負かせてしまうこと

いちようらいふく
悪いことが終わるとよいことがくる。冬が過ぎると春が。よく来復が来福と誤写される

かれんちゅうきゅう
税金などのとりたてが過酷を極めること。歛はしぼりとる、誅求は責める　▽〜に泣く

がんぶつそうし
無益な遊びにうつつをぬかすと、大切なものを失う。物ヲ玩(もてあそ)べバ志ヲ失フ

きしせんめい
旗の色、旗印(幟のぼり)がハッキリしている。主義主張が明確なこと　▽安保政策が〜になった

軽佻浮薄
眼光紙背
堅忍不抜
一病息災
鬼哭啾々

一意専心
君子豹変
一知半解
八紘一宇
夜郎自大

鴛鴦之契
経世済民
門前雀羅
斎戒沐浴
右顧左眄

けいちょうふはく

軽佻は軽はずみ、浮薄はあさはかで意志が弱い。言動がうわついている　▽〜な若者たち

がんこうしはい

〜に徹す。鋭い洞察力は紙の裏まで読みとることができる。洞察力、読解力が鋭い

けんにんふばつ

あらゆる物事に、強固な意志によってがまん強く、堪えしのび、心を動かさないこと

いちびょうそくさい

病気の一つくらいあると、養生精進して、かえって健康であること　［反］無病息災

きこくしゅうしゅう

恐ろしい気配が漂うこと。亡霊の泣き声が恨めしげに延々続くさま。おどろおどろ

いちいせんしん

一意、つまり一つのこと、一心。専心はひたすら集中する。一心不乱　▽○○に専念する

くんしひょうへん

君子(上に立つ人)は、過ちや失敗はすぐさま改め、対応する。豹変はよい方に改める

いっちはんかい

生半可の知識。知識が充分自分のものとなっておらず、理解されていないこと

はっこういちう

八紘は全世界。宇は家。八紘ヲ掩(おお)イテ宇トナス。世界の中心となる(神武天皇の詔勅)

やろうじだい

身の程知らず、世間知らず。夜郎は後漢時代の小国。夜郎王が無知ゆえ後漢と張り合う

えんおうのちぎり

結婚する。鴛鴦はおしどり。夫婦仲のよいことで知られ、仲睦まじいたとえ　▽比翼連理

けいせいさいみん

世ヲ経(おさ)メ民ヲ済(すく)フ。明治になってエコノミーをこの熟語から「経済」と訳した

もんぜんじゃくら

さびれること。訪ねる人もなく門前に雀が集まり、羅で捕らえられる　▽〜を張る

さいかいもくよく

神仏に詣でる前、精進潔斎する。心を清め身を洗う。沐は髪を洗う。浴は体を洗うこと

うこさべん

周りばかりをうかがって、決断をためらう。右を顧(ふり)むき、左を眄(流し目)で見る

窃かに　序に　懇ろに　況や

妄りに　偏に　等閑に　徐に

微かに　夙に　疾っくに　恣に

頑に　俄に　詳らか　蓋し

具に　忽ち　宛ら　専ら

ひそかに
私見を述べるときに謙遜して使う　▽～思いますに

みだりに
猥りに。むやみに、わけもなく　▽～入ってはいけない

かすかに
ハッキリとしない、しかと認めがたい　▽～な匂い。～な記憶

かたくなに
頑固、素直ではない、ねじけている　▽～な態度。～に守る

つぶさに
こまかく、くわしく、もれなく　▽～に見る　▽～に説明する

ついでに
そのおりに。その機会に　▽～会いに来た。～言ってしまえば

ひとえに
ただそれだけ、もっぱら　▽～お詫び申し上げる。～君のおかげだ

つとに
以前から、早くから　▽その事件のことは～に知られていた

にわかに
突然、急に　▽～の来訪。～に雨が降りだした。～ごしらえ

たちまち
すぐ、急に、さっそく　▽～売り切れた。～起こる剣戟の響き

ねんごろに
細かいこころづかい。親密な　▽～にもてなす。二人は～な関係に

なおざりに
注意をはらわない、いい加減にする　▽規則を～にする、～な態度だ

とっくに
とうに。以前　▽～の昔から　／早く　▽～に参らせたまえ

つまびらか
審らかとも書く。詳しい、ことこまか　▽真相を～にせよ

さながら
しかしながら。あたかも　▽～映画を見ているようだ

いわんや
言うに及ばず。ましてや　▽君ができないのだ、～僕が

おもむろに
静かに、ゆっくりと、おちついて　▽～口を開いた

ほしいままに
思いどおり、好き勝手に　▽～ふるまう。横暴～す

けだし
まさしく、確かに　▽この言葉～至言なり。優勝は～阪神

もっぱら
主として、おもに　▽～自宅で勉強　／専門　▽英文学を～とす

強ち　聊か　抑も　迚も

雖も　努々　苟も　殆ど

吝か　然したる　仄々　概ね

仮初め　終ぞ　粗方　就中

屹度　率爾ながら　略　砌

あながち
下に打ち消しがきて、必ずしも、まんざら
▽〜悪いことでもない

いえども
仮定の否定　▽明日、雨天と〜決行する。劣勢と〜我往かん

やぶさか
思いきりが悪い。否定語が後に　▽それを認めるに〜でない

かりそめ
つぎに否定の語がくる
▽〜にも口にするな。
〜にも男たるものは、

きっと
必ず　▽〜くる
急に　▽〜思い出して
期待　▽〜成功するよ

いささか
すこし、わずか　▽〜合気道を
／否定語がきて　▽〜も……ない

ゆめゆめ
下に禁止否定語をともなう。必ず、決して
▽〜違(たが)うことなし

さしたる
下に打ち消しの語。さほどの、たいした　▽ここは〜問題ではない

ついぞ
終わり、下に否定の語。いまだかつて　▽〜聞いたことがない

そつじながら
にわかなこと、軽率、突然ですが　▽〜申し上げる

そもそも
話を一旦抑えて、本来は　▽〜……すべきであって、〜私は

いやしくも
かりにも、まことに、そもそも　▽〜さきの副将軍、〜彼には

ほのぼの
かすかに、ほんのり。ほのかに心暖まる　▽夜が〜明ける。〜家族

あらかた
おおかた、ほとんど
▽なにー、〜食べてしまった！

ほぼ
おおかた、おおよそ。
大体　▽〜収まった、〜問題ない

とても
どうしても。後ろに否定句　▽〜我慢ができない

ほとんど
おおかた　▽〜が見た。雨が〜やんだ
／寸前　▽来たのは〜同時です

おおむね
たいてい、おおかた
▽〜十時ごろには帰宅しています

なかんずく
中に就く、その中でとりわけ　▽日本史〜古代史が専攻です

みぎり
とき、おり。時節
▽酷暑の〜。上京の〜には、お立ち寄りを

漫ろ　宜なるかな　頗る　艶やか

数多　仰けから　煌めく　拙い

挙って　目眩く　恭しく　夥しい

恙なく　太々しい　扨措　疚しい

嫋やか　歪な　烏滸がましい

そぞろ
そわそわする　▽彼女のことで気も～
意味なく　▽皇居を～歩く

あまた
多いこと　▽～の人々は
はなはだ、たいへん　▽その言葉～うれし

こぞって
のこらず、ことごとく　▽パーティには～参加した

つつがなく
ツツガムシ病。それがない、異常がない　▽～過ごしています

たおやか
荒れるの反対、しなやか、しとやか　▽～な女、～にゆかし

むべなるかな
道理。とうぜん。ことわり（理）　▽なしえなくは～なるかな

のっけから
初め、最初　▽～間違っている　▽～往く、～それは困る

めくるめく
目がくらむほどの　▽彼女への～思い。
／あまりの　▽～快感

ふてぶてしい
不敵不敵しい。大胆、憎たらしい、ずぶとい
▽なんとも～女だ

いびつな
整っていない、ねじけている　▽～**な**心。押されて～**に**なる

すこぶる
すこしく、やや多く。よほど　▽王は～満足げに言った

きらめく
輝く　▽～星座　／すばらしい　▽～その足跡

うやうやしく
礼儀にかなって丁寧
▽～かしづく。～拝謁した

さておき
さしおいて、別にして、とりあえず　▽このことは～。まず～は

おこがましい
できすぎ、差し出がましい　▽自分で言うのも～が

あでやか
なまめかしい、濃厚なうつくしさ　▽艶姿（あですがた）、～な姿態

つたない
下手、劣っている　▽まことに～文章で。武運～く　／自ら謙遜して　▽～私どもですが

おびただしい
ものすごい量　▽～難民が流入　／はなはだしい　▽被害は～
▽彼の退社ははなはだ～

やましい
良心に恥じる　▽決して～ことはしていません

集く
啀みあう
廃る
媚びる

拵える
手懐ける
滾る
焦らす

塗す
捏ち上げる
竦む
銜える

嗾ける
屯する
勤しむ
括る

燻る
疎んじる
購う
蹲る

すだく
集まり騒ぐ。虫が集まって鳴く　▽**集く**松虫の音に思わず秋の

こしらえる
作り上げる　▽よそに女を**拵える**。なんとか金を**拵えて**

まぶす
なすりつける。まぜる。降りかける　▽砂糖を**塗す**。ゴマで**塗して**

けしかける
煽動(せんどう)する、煽(あお)る▽犬を**嗾ける**。……に**嗾けられた**

いぶる
煙をたてる。燻製(くんせい)　▽煙で**燻して**狸をつかまえた

いがみあう
たがいに争う。対立。不和　▽あの二人はいつも**啀みあって**いる

てなづける
味方にする。引き入れる▽部下を**手懐けて**。小鳥を**手懐ける**

でっちあげる
ないことをあるようにする。勝手に造りかえる　▽事故を**捏ち上げる**

たむろする
あつまる、集合する▽コンビニに**屯する**子供。文士の**屯する**店

うとんじる
避ける、よそよそしくなる　▽あまりの才にかえって**疎んじられた**

すたる
なくなる、役に立たない、価値が下がる　▽演歌も**廃る**。男が**廃る**

たぎる
沸騰(ふっとう)、わき上がる。高ぶる　▽煮え**滾る**、血が**滾る**

すくむ
こわばる、ちぢむ、たたずむ　▽あのときは身の**竦む**思いがした

いそしむ
功があること。つとめ励むこと　▽勉学に**勤しむ**

あがなう
買い求める。補償する、つぐない　▽**購って**消えるものではないが

こびる
迎合する、なまめかしく迫る　▽上司に**媚びる**。**媚びた**態度

じらす
相手を苛(いら)立たせる▽敵を**焦らせる**。**焦らされて**遂にキレた

くわえる
口、歯でかむ、はさむ▽指を**銜えて**見る。**銜え**タバコ

くくる
まとめる。総括する▽括弧(かっこ)で**括る**。高を**括る**

うずくまる
しゃがむ　▽道ばたに**蹲る**。犬が**蹲って**主人を待っていた

訝る　毟る　諍う　靡く

誑かす　騙る　蹌踉めく　挫く

拱く　囀る　怯える　擱く

阿る　育む　扱き下ろす　滴る

戦く　貶める　熟す　糾う

いぶかる
様子がはっきりしない。怪しむ ▽皆はその挙動を**訝っ**た

たぶらかす
だます、迷わす ▽女に**誑かされ**た。世間を**誑かす**

こまねく
こまぬく。傍観(ぼうかん)する ▽腕を**拱く**。手を**拱い**て見ていた

おもねる
へつらう、媚びる、追従する ▽アメリカに**阿る**日本外交

おののく
おそれふるえる、わななく。戦慄の戦 ▽恐怖に**戦く**

むしる
引き抜く、とられる ▽草を**毟る**。髪を掻き**毟る**。金を**毟られる**

かたる
(安心させて)だます、ニセモノ ▽名を**騙られ**る。**騙り**モノ

さえずる
歌う、よくしゃべる ▽スズメが**囀る**。女どもの**囀り**は……

はぐくむ
育てる、いつくしむ、教える ▽愛情を**育む**。公徳心を**育む**

おとしめる
見下げる、劣ったモノとしてあつかう ▽名誉は著しく**貶められ**た

いさかう
言い争う、喧嘩、たたかい ▽女のことで**諍う**。**諍い**が絶えない

よろめく
よろける。フラフラする。誘惑にのる、浮気。よろめきドラマ

おびえる
怖がる(恐怖)、びくびくする ▽恐怖に**怯える**。寒さに**怯える**

こきおろす
扱きはしごく。悪口をいう、けなす ▽とうとう社長まで**扱き下ろ**した

こなす
自由に扱う ▽楽器なら何でも**熟す**／食物を消化する ▽胃で**熟なす**

なびく
他人、自然など他の力に従う、ひかれる ▽風に**靡く**鯉のぼり

くじく
折る、ねんざ、勢いを抑える ▽強きを**挫き**、弱きをたすける

おく
そのままにする、中断する ▽筆を**擱く**。彼をさし**擱いて**

したたる
しずくとなってたれ落ちる ▽汗が**滴る**

あざなう
糸を撚(よ)る。なう ▽綿を**糾う**。吉凶は**糾える**縄の如し

零れる　穿つ　嗜む　蠢く

唆す　宥める　謗る　誦ずる

設える　顰める　喊ぶ　詛う

肖る　遣る　劈く　論う

労る　繙く　雪ぐ　捷ます

こぼれる
溢(あふ)れ出る、漏(も)れる　▽光が**零れる**。おち**零れ**

そそのかす
誘導する、すすめる　▽悪事を**唆す**。あの女に**唆された**

しつらえる
キチンとした、調(ととの)える　▽**設えられた**見事な施設。寝室を**設える**

あやかる
まねをする。感化される　▽その長寿に**肖り**たい。ご利益に**肖って**

いたわる
ねぎらう、なぐさめる、休める　▽老いた母を**労る**。からだを**労る**

うがつ
穴をあける。掘る、詮索する　▽岩盤を**穿つ**。それは**穿っ**た見方だ

なだめる
機嫌をとる、落ち着かせる　▽子供を**宥める**。馬を**宥めて**

しかめる
不快、苦痛のときの表情、顰蹙(ひんしゅく)　▽眉を**顰める**。**顰めっ**面

やる
行かせる、派遣、移す、なりゆき　▽人を**遣る**。**遣らず**の雨

ひもとく
書籍のひもを解く、本を読む　▽古事記を**繙く**と、そこには

たしなむ
好む、嗜好　▽酒は**嗜む**程度で　／打ちこむ　▽芸事を**嗜む**

そしる
悪(あし)ざまにいう、非難する。けなす　▽その態度を**謗る**、**謗られる**

さけぶ
大声をあげる、鬨(とき)の声。吶喊(とっかん)、喊声(かんせい)

つんざく
ひっかくような。強く破る　▽耳を**劈かん**ばかり、闇を**劈く**悲鳴

すすぐ
そそぐ。ぬぐう、はらいのける　▽恥を**雪ぐ**(雪辱)。汚名を**雪ぐ**

うごめく
はっきりしないがわずかに動く。ひそかに集まる　▽闇に**蠢く**人影

そらんずる
そらで覚える。物を見ないで声を出して読む。▽暗誦

のろう
恨みのある人を、禍の言葉をそえて「神」にいのる　▽呪詛

あげつらう
論は是非の真理。つらうがその可否をいいたてる。否定的に用いる

はげます
撻はムチで激しく打つこと。転じて強くはげます　▽鞭撻

漢検1級への道　超難読編

輸贏

跼蹐

伉儷

坡下

膳羞

彝典

轗軻

薈蔚

剔抉

牴牾

搔爬

榾柮

羸痩

炎燠

弭兵

雋茂

しゅえい
ゆえいは慣用読み。負けと勝ち。贏は競争で勝つこと。輸送の輸に、負けるの意あり

ぜんしゅう
料理のこと。膳は料理。羞は恥ずかしいだが、細く引き裂いた肉、転じて料理を勧めるの意

てっけつ
えぐり出すこと。剔はそぐ、悪い部分をとる。抉もえぐる、引っかける ▽悪事を～する

るいそう
羸はやせること、疲れる、力が萎える。弱い。からむ。痩もやせる

きょくせき
おそれおののく。跼天蹐地(天がぶつかるのを恐れて跼(かが)む。地が凹むのを恐れてはいつくばる)

いてん
いつもいつまでも変わらない格式、法。彝は宗廟に供える銅製の器。転じて常の法(のり)

ていご
互いに食い違うこと。牴は牛どうしが角をつき合わせること。牾はさからう、もとる

えんいく
盛んに燃える、熱く燃える、燠は熱い、熱がある。炎は派手、盛ん ▽大言炎炎(おおボラ)

こうれい
夫婦のこと。「伉は敵(つれあい)なり、儷は偶(つれあい)なり。夫婦相敵偶する(文選・注)」

かんか
世に入れられなく悩む。不遇。轗は車がくぼみにつかえて動けないさま

そうは
組織を掻き取る。子宮膣内容を掻き取る、人工妊娠中絶法(医)。小説でよく表現される

びへい
兵を退く。戦いや労役をやめて静かにする。弭はやめる、やすむ ▽国を治め民を弭(やす)む

はか
傾斜した坂。つつみ。白居易の長恨歌で、楊貴妃終焉の地を「馬嵬坡ノ下(ばかいはのした)」とあり

わいうつ
草の盛んに茂るさま。薈は雲や霧が盛んに集まる。蔚はよもぎ。草がこんもり茂る

こつとつ
木の切れはし。こっぱ。薪(たきぎ)。榾は薪にする切れっ端。柮は切り株

しゅんも
ひとよりも優れていること。雋は優れる。すらりとしている。俊と同じ。茂はなる、さかる

鞦韆
緝綴
阪僻
攢蹙
遏雲
侑食
曩日
邃曉
艨艟
齧歯
蒼蠅
荼薺
甎全
扛鼎
儌冀
鹵簿

しゅうせん
ぶらんこ。蘇軾の「鞦韆院落夜沈沈」（ぶらんこのある庭に人影なく夜が深くふけていく）で有名

あつうん
～の曲。美声、美しい歌声。遏はさえぎる、とどめる。雲をさえぎりとどむるほどの

もうどう
いくさぶね。艨も艟も、敵にぶつかっていく船。戦艦。「わが連合艦隊、その～の雄姿を」

せんぜん
何もしないでいたずらに身を保つ。甎はかわら。かわらのようにつまらないこと

しゅうてい
文章をつくる。文章をあつめる。緝は文を集める、綴はつづる。編集は編輯とも書く

ゆうしょく
食をすすめる。侑はすすめる、たすける、かばう。楽ヲ以テ食ヲ侑ム（周礼）

げっし
齧はかむ、かみ切る、かみ砕く。～類（うさぎ、りす、ねずみのようにモノをかじる生き物）

こうてい
鼎（かなえ）をもち扛（あ）げる。力持ち。「籍長八尺余力能～」（項羽、身長八尺ばかり、力はよく鼎を上げる）

すうへき
片田舎、郊外。陬はすみ、中心よりはなれたところ。僻はかたよる、遠い。僻地

のうじつ
以前、昔。かつて。曩は、さきに、間に日数をはさんでいる。曩者、さきに、と読む

そうよう
青蝿。こざかしい小悪人 ▽蒼蝿白に染む（青蝿が群がって、白いものを汚す。悪口をいいふらす）

ぎょうき
無理に求めねがう。希望する。徼は求める、うかがう。冀はこいねがう。ともかくお願いします

さんしゅく
ものが一カ所に集まる。攢はあつまる。蹙はちぢむ ▽攢蹙累積（集まり、それが積み重なる）

すいぎょう
奥の奥まで深くよく知っている。邃は奥深い穴。曉はよく知り得ている

とせい
異なるもの。荼は雑草。薺はナズナ。荼薺は畝を同じうせず。善悪を分かつべし

ろぼ
天皇、天子の行列。鹵は矢を防ぐ大楯。簿は行列を先導する楯の数を記した帳簿

第三章

知ってなるほど漢字漢語の知識編

◎読むだけじゃなく　意味も考えよう
◎漢字と漢語の違い

博覧強記(ものしり)の人の道 篇

(なんでもよく知っているなあ)

かつて漢字漢語(漢籍)に通じている人を知識人と呼んだ。
この章がクリアできないと、とても知識人じゃない。
別になりたくない？　そういわないで。
たとえ話にけっこう役に立つから、の第三章。

注：項目の選択は、音でそのまま読めるものはできるだけ割愛した。
ルビをふるつもりで、読んでください。

読むだけじゃなく意味も考えよう

断腸	華胥の国	白波
庠序の教え	乙夜の覧	未亡人
牛耳る	断袖の契り	黔首

断腸／だんちょう

［世説新語］腸がちぎれるほど悲しいこと。～の思い。晋の桓温が三峡を舟で通過したとき、従者が子猿を捕らえた。その母猿は岸辺づたいに百里も追って、ついに船に飛びこんで死んだ。その腹を割くと腸が悲しみのあまりズタズタに切れていた。桓温はその従者をクビにした。

華胥の国／かしょのくに

［列子］黄帝が昼寝をして理想の国である華胥に遊んだという夢を見た。ここから、よい気持ちで昼寝をすること、午睡のことをいう。

白波／しらなみ

［後漢書］盗賊、泥棒のこと。後漢末、黄巾の乱の残党が西河の白波谷に拠って盗み、強奪を行なった。白波の賊という。のちに盗賊、盗人を白波と呼び、『白波五人男』もこれにならう。

庠序の教え／しょうじょのおしえ

［孟子］学校で学んだこと。学校教育。古来学校のことを「夏では校、殷では序、周では庠という」。庠序とは学校のこと。

乙夜の覧／いつやのらん

［杜陽雑編］天子の読書。また夜の読書をいう。唐の文宗は昼間政務が忙しいので乙夜（夜十時）から読書に励んだという。秋の夜長の乙夜の覧。

未亡人／び（み）ぼうじん

［春秋左氏伝］死にぞこない。楚の文王の死後、弟の子元が夫人を慰めるために宴を開いた。夫人は子元に、「仇敵を討たないで未亡人の私の宴を開くなど奇怪だと」。子元はこれを恥じて仇敵を討った。未亡人とは、夫の死に対して、まだ生き恥をさらしていると自ら謙遜する言葉。ゆめゆめ「こちら未亡人の○○様です」と紹介しないこと。

牛耳る／ぎゅうじる

［春秋左氏伝］人や組織を支配すること。古代中国では盟主を決めるとき、牛を生け贄にし、その左耳を切り、もっとも有力者が最初にその血をすすった。このことを牛耳を執（と）るという。盟主はここに支配権を確立する。

断袖の契り／だんしゅうのちぎり

［漢書］ホモ、同性愛のこと。漢の哀帝には寵愛する董賢という若者がいた。ある日二人は昼寝をしていた。目覚めた皇帝は、自らの袖に敷かれた董賢の頭が邪魔で起きあがれない。愛する董賢を目覚めさせないよう、哀帝はそっとその袖を断った。

黔首／けんしゅ

［戦国策］黔は黒、黒い首つまり、一般の人々。人民。戦国策に「社稷（国）を扶けて黔首を安んずる」と。黎民ともいう。黎は黒。冠をかぶらないから。

読むだけじゃなく 意味も考えよう

和氏の璧

顰に倣う

匪躬の節

盟神探湯

驥足を展ぶ

推敲

越俎の罪

盈満の咎

会稽の恥

和氏の璧／かしのへき
［史記］古代中国の名宝。卞和（べんか）の璧。璧は宝物。卞和という人が原石を璧宝だといって、楚の王に献じた。それが偽物だとされ左足を、ついで武王に献じて同じく右足を切られた。そして文王のとき、それを磨いたら本物の璧玉であったという。のちにこの宝をめぐって争いが絶えなかった（連城の璧）。

盟神探湯／くがたち
［允恭紀］日本古代の裁判方法。正邪を裁くとき、神に誓って熱湯に手を入れ、正しき者はただれないが、邪な者はただれた。

越俎の罪／おっそのつみ
［荘子］越権行為。「料理人が調理場を片づけないといって、他人が俎（まないた）を越えてそこに入ってはいけない」。自分の職分を越えて、他人の権限におよぶところに入らないこと。

顰に倣う／ひそみにならう
［荘子］いたずらに人まねをしても、いい結果は生まれないこと。西施という稀代の美人が、病のため苦しげに眉を顰（ひそめ）た。その姿があまりに魅力的なので、醜女（しこめ）がまねをした。もちろん、皆は気味悪がった。

驥足を展ぶ／きそくをのぶ
［三国志］もともと力量、能力のあるものが、さらにその才を展（の）ばすこと。また、その才をふるうこと。驥足は千里をゆく駿馬の脚。能力開発。

盈満の咎／えいまんのとがめ
［後漢書］盈も満もみちる。咎めは罪をなじる、またさとすこと。物事が満ち足りて順調に運んでいるときは、かえって災いが生じやすい。我が世の春に驕り高ぶっては、いつか破綻する。バブルの戒（いましめ）め。

匪躬の節／ひきゅうのせつ
［易経］一身の利害を顧みず、君主や国家のために忠節をつくすこと。「王臣蹇蹇（けんけん）、躬（み）の故に匪（あら）ず」。

推敲／すいこう
［唐詩紀事］詩文を作るのに字句をさまざま検討すること。転じて、より熟慮し、よりよい答を得ること。唐の詩人賈島（かとう）が門を推（お）すか、敲（たた）くかを迷って、詩人韓愈（かんゆ）のアドバイスで敲くにした故事。

会稽の恥／かいけいのはじ
［史記］～をすすぐ。かつて受けた恥辱を晴らすこと。春秋時代、越王勾践が呉王夫差に会稽山で敗れ降伏、筆舌に尽せぬ長い辛苦を経て夫差を破って、ついにその恥をすすいだ。復讐のため薪に寝て、肝を嘗めそれに耐えた。▽臥薪嘗胆（がしんしょうたん）。

牝鶏の晨す

解語の花

判官贔屓

折檻

葦巣の悔

月旦

頤を解く

一丁字なし

黔驢の技

牝鶏の晨す／ひんけいのあしたす ［書経］女が勢力をふるうと、ロクなことはないたとえ。牝鶏はめんどり、晨すとは夜明けの時を告げる。書経に「～。紂王、婦言(妲己)を是用う」。殷の紂王が妲己におぼれ、国を滅ぼしたと。なにごとにも女房が口を出したら、もうダメ。

解語の花／かいごのはな 解語、言葉を理解する花、ものいう花、つまり美人の称。唐の玄宗が蓮の花の美しさを賞賛し、しかしここにはそれよりも美しい解語の花があると「楊貴妃」を指したという。

判官贔屓／ほうがんびいき 弱い方に味方したい心情、庶民感覚。判官とは源義経をさす。平家討伐の大功がありながら、兄・頼朝によって追放、殺される義経に庶民は同情、のちのち弱い者に対して贔屓した。

折檻／せっかん ［漢書］厳しく意見する。諫言。漢の皇帝に諫言しようとした朱雲が、警備の役人に取り押さえられ、それでも宮殿の檻(手すり)にしがみつき、訴えた。そのため檻が折れてしまった。のち皇帝は檻の修復を認めず、忠臣の諫めの証とした。今日の子供への折檻とはだいぶ話がちがう。

葦巣の悔／いそうのかい 水辺の葦に巣を作る鳥が、風が吹くたびに水に落ちないかと心配する＝身の置き場のないこと

月旦／げったん ［後漢書］月の朔日(ついたち)。品定め、人物評価のこと。後漢の許劭(きょしょう)は、従兄と毎月朔日、郷里の人々の評価をした。その評は実に適切、見事だった。これを聞いた曹操が、自分の評を頼んだ。許いわく、乱世の姦雄と。三国志の始まりである。

頤を解く／おとがいをとく ［漢書］頤は下あご。感激のあまり開いた口がふさがらない。顎がはずれるほど大口をあけて笑う。「匡衡、詩ヲ解ク人ノ頤ヲ解ク」『解頤』ともいう。

一丁字なし／いっていじなし ［新唐書］一つの文字も読めないこと。丁は个の誤写で、个は箇のこと。つまり一個。明朝皇帝の側近・中国三千年でNo.1の極悪人の魏仲賢は、なんと目に一丁字なかった。

黔驢の技／けんろのぎ ［柳宗元］見かけ倒し。稚拙な技。黔は現在の貴州。驢はロバ。ある人がロバを連れて貴州に行くと虎に会った。ロバを初めて見た虎は図体の大きさを恐れた。時がたってロバと虎が諍い、ロバは怒って虎を蹴った。虎はそのあまりの非力に、ついにロバを食べてしまった。

読むだけじゃなく 意味も考えよう

独眼竜

轍鮒の急

一衣帯水

壟断

大椿の寿

巫山の夢

泰山北斗

小人閑居

左袒

独眼竜／どくがんりゅう

[旧五代史]片目の英雄。唐末の英雄、李克用の称。黄巣の乱を平定した克用が隻眼であったことから独眼竜と呼ばれた。のち隻眼の英雄、伊達政宗を称する。

轍鮒の急／てっぷのきゅう

[荘子]車の轍(わだち)にたまった水たまりの中であえぐ鮒。つまり差し迫った困窮のこと。また、その鮒が通りかかった旅人に少しでも水をと求めたら、これから遠くにゆく、そこは満々と水があるからたっぷり持ってきてあげると。鮒は怒った。明日の一億より今日の一万。

一衣帯水／いちいたいすい

[陳書]一本の帯のように細い流れに隔てられたとの意。二つの地域が密接であることを形容する。日本と韓国は一衣帯水の関係にあると。なお読みは一衣・帯水ではなく、一・衣帯水。

壟断／ろうだん

[孟子]壟は丘、断は切り立ったところ。貪欲で利に聡い商人が、市中を見渡せる高台(壟断)に昇って市のようすを確かめ、利益の上がりそうな場所に店を開いて大儲けした。ここから、才気が勝って商売の利益の独占、権利のひとり占めをさすようになった。○○界を壟断する。

大椿の寿／だいちんのじゅ

[荘子]長寿のこと。荘子に「上古、大椿という者あり。八千歳を以て春と為し、八千歳を以て秋と為す」と。椿年、椿齢。

巫山の夢／ふざんのゆめ

[文選]密会。逢い引き。男女が睦み合う細やかな愛情のことをいう。巫山は中国四川省にある名峰。昔、楚の襄王が昼寝していたとき、夢の中に美しい姿をした巫山の神女が現れて王と契ったという。

泰山北斗／たいざんほくと

[新唐書]泰山は天下の名山、北斗は北斗星。ともに仰ぎ見られる存在。泰斗。それぞれの道で最も尊敬を集める第一人者のことをさす。新唐書に韓愈を称して、これを記す。後に斯界のそれをいう。彼は東洋史の泰斗。

小人閑居／しょうじんかんきょ

[大学]～して不善をなす、と続く。小人は閑をもてあますとろくな事をしないたとえ。では君主というと、その独りを慎むと。どんな場合でも身を慎む。

左袒／さたん

[史記]賛同する、加勢すること。袒は肌脱ぐ。漢の劉邦の死後、皇后の呂氏一族が専横を極め、劉邦の功臣、周勃は反呂氏をかかげて挙兵。このとき周勃が叫んだ言葉が「この挙兵に反対する者は右袒せよ。賛成する者は左袒(左を肌脱げ)せよ」。

読むだけじゃなく意味も考えよう

兵は詭道

期頤

肯綮に中る

椽大の筆

藐姑射の山

舐犢の愛

輾転反側

名伯楽

充閭の慶

兵は詭道／へいはきどう

［孫子］物事まともだけでは始まらない。詭は正しくないこと。「兵は詭道なり。故に能にして、これを不能を示し、用にして不用を示す」(孫子)。戦いは正道のみでは勝てない。いろいろ策を用いなければならない。

期頤／きい

［礼記］百歳のこと。「百年を期と曰い頤(やしな)う」。注には「人寿、百年を以て期となす。故に期という。飲食居処動作、養うを待たざるなし、故に頤という」。

肯綮に中る／こうけいにあたる

［荘子］物事の急所をついた適切な意見や戒め。「肯」とは骨についた肉のこと。「綮」は肉と筋とが結ばれた部位。文恵君の料理人がその肯綮の部分を見事に捌ききったことから、急所をつくの意。転じて、的を射た意見、アイデアのときに使う。

椽大の筆／てんだいのふで

［晋書］文章の見事なことをほめる言葉。椽はたるき。たるきのような大きな筆。転じて大文章、名文。椽大の筆を揮(ふる)う。

藐姑射の山／はこやのやま

［荘子］バクヤコとも読む。不老不死の仙人の住む山。「藐姑射の山に神人有りて居る。肌膚は氷雪の若く」(荘子)。転じて天子の住むところ。我が国では上皇の御所、仙洞御所。「藐姑射の山を見まくちかけむ」(万葉集)。

舐犢の愛／しとくのあい

［後漢書］犢は仔牛。親牛が仔牛を舐めまわしてかわいがるように、親が子を溺愛すること。曹操に息子を殺されて悲しみのために激ヤセした彪が、曹操に「なぜヤセたのか」と問われて答えたもの。古今、できが悪い子ほどかわいいというのが親のサガである。

輾転反側／てんてんはんそく

［詩経］恋しくて、思い悩んで、眠れず、なんどもなんども寝がえりをうつこと。昔のラブレターの定番。悠ナル哉　悠ナル哉　我レ　輾転反側ス。

名伯楽／めいはくらく

［戦国策］伯楽は馬の鑑定人。良否を見分ける眼力を持ち、伯楽がひとたび振り返って見た馬の値は十倍にはね上がった。人間も同じで、自分の能力や人柄をしっかり見極め判断してくれる人を名伯楽という。よき上司や先輩に出会うことが大切。

充閭の慶／じゅうろのけい

［晋書］男子誕生を祝う。閭は村の門、また家の門。昔から名士の門には人々が群れをなし、人で充ちた。晋の賈充の父は、賈充が生まれたとき、充閭の慶ありと喜び、「充」と名づけた。当然のこと、賈充は出世した。

読むだけじゃなく意味も考えよう

独活の大木	野合	白川夜舟
破天荒	嚢中之錐	髀肉の嘆
骸骨を乞う	蒲柳の質	芝蘭の化

独活の大木／うどのたいぼく
独活は二メートルにもなるが茎が弱く役に立たないこと。図体ばかり大きくてどうしようもないたとえ。独活の大木柱にならず。もっともである。食用としての独活は美味ではあるが。

野合／やごう
[礼記]野は正当ではないこと。秘かに結びつく。昔は多くの手続きを経て婚姻がなされた。それがなされず男女が結ばれるのを野合といった。実は孔子さまも野合によって生まれた人だった。現在の野合は、政権維持のためならなんでもありのこと。

白川夜舟／しらかわよぶね
[毛吹草]居眠り。京を見たふりをした男が、白川あたりはと聞かれて「夜舟で眠っていたので、わからなかった」と答えた。白川は川でなく東山の歓楽街。うそがばれた。

破天荒／はてんこう
[北夢瑣言]未曾有、常識やぶり、前代未聞。荊州は天荒と呼ばれた。それは、ここから一人も科挙の合格者が出なかったからだ。そして、ついに合格者が出た。人々はいった。「破天荒」だと。

嚢中之錐／のうちゅうのきり
[史記]嚢は袋。袋の中の錐は自然とその先が突き出る。すなわち、抜きんでた才能は、働きかけをしなくても自然と現れるもの。彼はまさに～、いつかは、と思っていたが、もう……。

髀肉の嘆／ひにくのたん
[三国志]功名、手柄、力量を発揮する機会のないことを嘆く。髀肉とは内股(もも)の肉。三国志の劉備はある時期、馬に乗ることがなかった。戦闘がなかったからだ。そのため内股に贅肉がたまった。それを見て劉備は嘆き涕泣(ていきゅう)した。

骸骨を乞う／がいこつをこう
[史記]引退する。辞職する。鴻門の会のとき、項羽の軍師・范増は劉邦殺害を勧める。しかし項羽は無視。范増は怒っていう「天下のこと大いに定まる。願わくば骸骨を賜いて卒伍に帰せん」と。やがて范増の予想通り、天下は劉邦に。骸骨を乞うの言葉は、引退、辞任のときには必ず使用される定番となった。

蒲柳の質／ほりゅうのしつ
[世説新語]蒲柳はかわやなぎ。柳のように弱々しいこと。皇帝が、同い年の顧悦之に、どうしてそんなに髪の毛が白いのかと問うと、顧悦之は「松は霜にも元気だが、柳は秋には落ちる」と。体質が弱いのですと。

芝蘭の化／しらんのか
[孔子家語]よい友達、朋友。霊芝と蘭、いずれも香りのよい草。優れたもののたとえ。

読むだけじゃなく　意味も考えよう

鳥なき里の蝙蝠	美人局	猛虎苛政
椒房	笈を負う	跛鼈
滄桑の変	梨園	鬮が鴨居

鳥なき里の蝙蝠／とりなきさとのこうもり 鳥のいないところでは、コウモリは自分が鳥だといって、威張っていること。転じて、優れた人材のいないところでは、つまらない者がはびこるものだ。お山の大将。

美人局／つつもたせ

［武林旧事］**びじんきょく**が正しい。宋元時代、街のゴロツキが娼妓を使って金持ちの少年を誑(たぶら)かしたり、妾を他の男と姦通させ、金品を脅し取っていた。江戸時代、ヤクザがこれを真似て、「筒持たせ」と称した。

猛虎苛政／もうこかせい

［礼記］重税、徴兵などの過酷な支配は虎より凶暴で人々を苦しめる。虎の犠牲の絶えない村にどうして住むのかと問うと、村人は、役人の横暴に比べたら虎の被害など大したことはないと答えたという。

椒房／しょうぼう

［漢書他］皇后の宮殿、屋敷。転じて皇后。漢代、皇后の宮殿の壁には山椒が塗りこめられていた。山椒は多くの実をつけるため、子孫繁昌を願ってのこと。

笈を負う／きゅうをおう

［史記］笈は書籍を入れる箱のこと。これを担いで他国に遊学すること。学問のためなら遠きをいとわないの意。「笈ヲ負ヒ、師ニ従ヒ、千里ヲ遠シトセズ」。

跋扈／ばっこ

［後漢書］跋は踏む、乗り越える。扈は竹の梁(やな)。大魚が梁を乗り越え、飛び出すさま。転じて上を無視し、勝手気ままにふるまうこと。後漢の梁冀は天下を専横しようと、八歳の質帝を擁立。質帝は聡明で梁冀を跋扈将軍と呼んだ。怒った梁冀は質帝を殺害した。跳梁跋扈(悪人がわがもの顔でのさばる)。

滄桑の変／そうそうのへん

［神仙伝他］桑田変じて蒼海となるに同じ。世の変転の激しいこと。歳月は人を待たず。仙人が大尽に招かれたとき、「蒼海の三度変じて桑田となる。世の移ろいはまたたくまです」と語った。

梨園／りえん

［新唐書］演劇、芸能界をいう。唐の玄宗は芸能に優れ、梨が植えられた庭園(梨園)で俳優に技を学ばせ、自らも音楽を教えたという。新唐書は「皇帝梨園ノ弟子ト号ス」と。現在は歌舞伎の世界を称することが多い。

閾が鴨居／しきいがかもい

敷居が高い。不義理のツケ。閾(しきい)は、地上に敷いて座るむしろのたぐい。敷居をまたぐとは、訪問すること。つまり敷居が鴨居のように高いため入りづらい。「二度と家の敷居はまたがせない」。

読むだけじゃなく　意味も考えよう

既往は咎めず

死灰復た燃ゆ

緒衣道に半ばす

危急存亡の秋

殃池魚に及ぶ

銅臭を嫌う

綸言汗のごとし

沽券にかかわる

既往は咎めず／きおうはとがめず

［論語］済んだことはしかたない。ただ今後は慎重に事にあたらなければならない。「成事は説かず、遂事は諫せず、既往は咎めず」。既往とは、すでになったこと、済んだこと。身上書などで「既往症」と書く欄があるが、つまり一度罹った病気のこと。

死灰復た燃ゆ／しかい またもゆ

［史記、漢書］勢いを失ったものが再び復活すること。獄につながれた男が、牢役人に辱められたときにいった言葉。男は許され、高位高官についた。一度落着したことが蒸し返されるときにも使う。

赭衣道に半ばす／しゃい みちになかばす

［漢書］世の中が乱れていること。赭は囚人服（赤色の）。赤い着物の囚人たちが、通行人の半ばを占めている。悪政によってもたらされた現状。「赭衣道に半ばす、群盗山に満つ」。

危急存亡の秋／ききゅうそんぼうのとき

［三国志］絶体絶命、死ぬか生きるかの瀬戸際のこと。諸葛孔明が水師表（対魏宣戦布告書）に記した一文にある。秋を「とき」と読むのは、秋が収穫を表し、物事の総決算を意味するから。総攻撃とか総決算などの場合、……の秋、と記す。

殃池魚に及ぶ／わざわい ちぎょにおよぶ

［呂氏春秋］降ってわいたような災難。物事何が起こるかわからない。罪を得た男の証言で、池に投げこまれた宝を探そうと、その池を干あがらせたが、宝は見あたらず、池の魚はすべて死んだ。

銅臭を嫌う／どうしゅうをきらう

［後漢書］銅の臭い、つまり銭（銅銭）まみれ。後漢末、国は乱れ、国庫は空に。そこで窮余の策として官位を売った。崔烈という男が五百万銭で大臣職を買った。崔烈は息子に聞いた。息子はいう、世間はその銅臭を嫌っていると。後世、賄賂政治を揶揄（やゆ）していう。銅臭紛々。

綸言汗のごとし／りんげん あせのごとし

［漢書］一度口に出したことは、二度と撤回はできない。綸言、天子の言葉。綸言というものは汗と同じで出してしまったら元に戻らない。これと同じように、何事にも慎重にあたらねばならない。

沽券にかかわる／こけんにかかわる

ねうち、体面、品位をさす。沽券とは不動産証文、売り渡し証文。沽は「売る」。つまりそれを持っていることがその人物の値打ちとされた。沽券にかかわるとは、己の体面を保たれるか否か、の意。

中原に鹿を逐う

乃公いずんば

綺羅星の如く

まず隗より始めよ

万事塞翁が馬

蓼食う虫も好きずき

蝸牛角上の争い

昔執った杵柄

読むだけじゃなく　**意味**も考えよう

中原に鹿を逐う／ちゅうげんにしかをおう

［史記］逐鹿（ちくろく）。天下をねらうこと。野望を達成すること。中原は黄河流域、中国文明発祥の地、かつての中国。つまり天下。鹿は帝位の隠語。逐鹿戦とは、天下分け目の合戦。

乃公いずんば／だいこういずんば

このおれさまが出ないで、他の者に何ができるか。乃公とは我が輩、おれさま、儂（ワシ）など、男が自分自身を尊大にいう言葉。この負け戦、今こそ乃公いずんばであろうや。

綺羅星の如く／きらほしのごとく

闇夜にはなやかに輝く無数の星。綺羅星という星はない。読みは綺羅、星のごとくである。綺羅とは美しい、あでやか、はなやかな意。キラキラ輝く星、意味は合っているが。

まず隗より始めよ／まずかいよりはじめよ

［戦国策］まず言い出したものがやるべき。燕王が賢者を招こうとした。そこで郭隗（かくかい）がいった。「自分のような無能者をまず優遇しなさい。まず隗より始めよ。さすればあの郭隗でも優遇されるのだからと、きっと全国の賢者が集まりますよ」。はたしてその通りとなった。

万事塞翁が馬／ばんじさいおうがうま

［淮南子］人の禍福ははかりがたし。人間何が起こるかわからない。国境に住む老人（塞翁）の馬が逃げた。残念だったねえの同情に、それが馬がいっぱい友達をつれてきて、もうかったね。いやその馬で息子が落馬して大ケガさ。たいへんだねえ。ところがケガのため兵隊にとられなくて助かった。世の中、何が起こるかわからない。

蓼食う虫も好きずき／たでくうむしもすきずき

人の好みはわからない。ものずきもいる。蓼は特有の味をもつタデ科の植物。人間には苦く、辛くてとても食用にならない。しかしそれを食う虫がいる。あんな女とよく結婚したなあ。

蝸牛角上の争い／かぎゅうかくじょうのあらそい

［荘子］つまらないこと。些細な問題。蝸牛はかたつむり。蝸牛の角にある国と国が戦争したという寓話。とるに足らないつまらない争いのこと。

昔執った杵柄／むかしとったきねづか

昔鍛えたこの腕前。修練のたまもの。いざとなったとき昔の技、経験が役に立つ。「年寄りの冷や水」の反語。

被馬鞭捶を恐れず

艱難汝を玉にす

沐猴にして冠す

夙に興き夜は寝ぬ

古女の歯軋り

六宮の粉黛顔色なし

獲麟

辣韮食って口拭う

被馬鞭捶を恐れず／ひばべんすいをおそれず

[塩鉄論] 追いつめられれば何ものも恐れない。被馬は疲れた馬。鞭捶はムチ。疲れた馬にいくらムチ打っても動かない。「被馬鞭捶を恐れず、弊民は刑を畏れず」。人も痛めつければ、ついに刑罰も恐れなくなる。

沐猴にして冠す／もっこうにしてかんす

[史記] 野暮なヤツはなにをしてもやぼ。沐猴とは猿のこと。猿が冠をかぶったようで、中身がないと。天下をほぼ手中にした項羽は、無法の限りをつくす。その姿を揶揄(やゆ)したのが、この言葉。項羽は激怒して揶揄した男を殺した。

古女の歯軋り／ごまめのはぎしり

[諺苑] 力のたりない者が、強大でかなわない相手に憤慨すること、いきり立つこと。古女はカタクチイワシの乾燥品。蟷螂の斧、引かれ者の小唄。

獲麟／かくりん

[春秋] 麟を獲る。絶筆、事の終わり、終末、臨終。孔子が『春秋』を著し、その最後に「西に狩りして麟を獲る」の句があった。そこで筆を断って死ぬことが獲麟といわれるようになった。麟は麒麟のこと。また孔子の死から、臨終の意味もある。

艱難汝を玉にす／かんなんなんじをたまにす

困難なことを経験、体験し、それを乗り越えてこそ立派な人物(玉)になれる。艱難辛苦(かんなんしんく)を重ね、そして大きくなる。

夙に興き夜は寝ぬ／つとにおきよはいぬ

[詩経] 朝早く起き、夜おそく床についてまで物事に励むこと。夙夜(しゅくや)という。一日中。転じてつねに、たえず。

六宮の粉黛顔色なし／りくきゅうのふんたいがんしょくなし

[長恨歌] 後宮の美人たちも、その美しさにはとても太刀打ちできなかった。絶世の美女・楊貴妃を歌った長恨歌(白居易)のなかの有名な一句。六宮は後宮のことでそこには六つの部屋があった。粉黛はおしろいにまゆずみ、つまり美人の称。

辣韮食って口拭う／にらくってくちぬぐう

うわべは隠せても、すぐばれる。ニラは独特の臭気があるため、いくら口を拭っても食べたことがすぐばれてしまう。辣韮はらっきょうのことだが、ここはニラと読む。昨今はさしずめ餃子食って口拭う。

尺牘は千里の面目

万緑叢中紅一点

人生七十古来希也

九仞の功一簣に虧く

羹に懲りて膾吹く

阿漕の浦に引く網

睚眦の怨、必ず報ゆ

鬢糸茶烟の感あり

読むだけじゃなく意味も考えよう

尺牘は千里の面目／せきとくはせんりのめんもく ［顔氏家訓］文字がうまいと千里の誉れ、下手だと千里の恥。書の勉強は怠らないように。尺牘は文字の書かれた方形の札。つまり手紙。書状。

万緑叢中紅一点／ばんりょくそうちゅうこういってん ［王安石］目立つこと。万緑の草むらの中にひとつ赤い花が咲いている。それがひときわ異彩を放つ。それが紅一点。平凡なものの中では非凡さは際だつ。王安石の意図とは関係なく紅一点は女性をさす。そりゃー、むくつけき男どもの中に入れば××でも目立つ。

人生七十古来希也／じんせいしちじゅうこらいまれなり ［杜甫］七十歳までも生きられることはまれなこと。古希の語源。七十歳。杜甫の詩の一文。古来まれなり、はもうない。人生百歳、年金制度が確実に破綻する。

九仞の功一簣に虧く／きゅうじんのこういっきにかく ［書経］最後の最後まで手を抜かない。一仞は周の単位で七尺、だからとてつもなく高い。それほどの功績が一簣（もっこ一杯）のためにダメになってしまうことがある。だからくれぐれも最後まで手を抜かないように。

羹に懲りて膾吹く／あつものにこりてなますふく ［新唐書］過剰反応。一度失敗すると必要以上に警戒すること。羹は吸い物。膾は生肉を酢で締めたもの、さしみ、漬け物類。熱いもので口をやけどしたものだから、さしみまで冷まそうとする。一度女にトチッタから、いまだ独身。

阿漕の浦に引く網／あこぎのうらにひくあみ ［古今和歌六帖］悪事はいつかはばれる。「逢ふことを阿漕の島に曳く網の度重ならば人も知りなむ」。阿漕の浦は禁漁区。そこで漁を重ねればいつかはばれる。ここから悪いことを阿漕という。

睚眦の怨、必ず報ゆ／がいさいのうらみ、かならずむくゆ ［史記］ちょっとしたことだが、絶対に忘れない。睚眦はちょっとしたにらみ。わずかな怨み。したほうは大したことのない注意でも、されたほうは根にもつもの。それが積年の怨みとなって爆発する。

鬢糸茶烟の感あり／びんしさえんのかんあり ［杜牧］若いころ遊び耽った者も、髪の毛が白くなる頃には、静かな、枯れた生活を楽しむ心境になるものだと。まあ、高年齢社会では元気印、そんな心境はさらさらない。

傾城に誠なし

学を曲げて世に阿る

鶍の嘴の食い違い

角を矯めて牛を殺す

栴檀は双葉より香し

巧遅は拙速に如かず

梁上の君子は是なり

盲亀の浮木、優曇華の

傾城に誠なし／けいせいにまことなし
［慣用］商売女のいうことを信じてはいけない。傾城は城を傾かせるほどの美人のこと。のちに商売女、花魁(おいらん)の俗称となる。信じたとて、金の切れ目が縁の切れ目になる。

学を曲げて世に阿る／がくをまげてよにおもねる
［史記］曲学阿世。真実に目をつむり、相手に気に入られるような説を述べる。権力にへつらうこと。漢の武帝時代の硬骨漢・轅固生(えんこせい)が時の総理公孫弘のあまりに皇帝にへつらうのを見て言った言葉。そんなのよくテレビに出てるぞ。

鶍の嘴の食い違い／いすかのはしのくいちがい
ものごとが食い違っていて、思うようにならない。鶍は雀に似たやや大きい鳥、スズメ目アトリ科の鳥。その嘴(くちばし)が交叉していて、見た目にどうしても食い違って見える。「することなすこと、鶍の嘴ほど違ふ」(仮名手本忠臣蔵)。

角を矯めて牛を殺す／つのをためてうしをころす
ちょっとしたことが気になって、かえって肝心のことを見失ってしまう。角を矯めるとは、角の格好が悪いので直すこと。小事に気をやって大局を失う。

栴檀は双葉より香し／せんだんはふたばよりかんばし
大成する人間には、すでに幼少のころからどこか他より抜きん出たものがあった。栴檀、びゃくだんの異称。香木として珍重される。

巧遅は拙速に如かず／こうちはせっそくにしかず
ものごとは素早く対処しないと意味がない。その出来がいくらよくても、完成が遅ければ何にもならない。多少まずくても早くできた方がはるかにましだ。孫子いわく、兵は拙速を尊ぶ。

梁上の君子は是なり／りょうじょうのくんしはこれなり
［後漢書］泥棒、盗人のこと。後漢の陳寔(ちんしょく)宅の天井に泥棒がひそんでいた。陳寔は子供たちにさとした。「人間もともと悪い人はいない。悪事をなすは何らかの事情があってのこと。梁上の君子は是なり」と。

盲亀の浮木、優曇華の／もうきのふぼく、うどんげの
ありえない。奇跡に近いまれなこと。盲の亀が浮いている木の穴にたどりつくこと。三千年に一度しか開花しない優曇華の花をたとえに。敵討ちの口上に「此処で会うたが百年目、盲亀の浮木、優曇華の花待ち得たる心地にて。いざ尋常に勝負勝負！」。

父の讐は倶に天を戴ず

庇を貸して母屋を取られる

過ちを改むるに憚ること勿れ

禍福は糾える縄の如し

勧学院の雀は蒙求を囀る

燕雀安んぞ鴻鵠の志を知らんや

惻隠の心は仁の端なり

父の讐は倶に天を戴ず／ちちのあだはともにてんをいただかず
[礼記]不倶戴天の敵。父の仇は必ず果たす。命にかけても報復しなければならない。それだけ憎い敵だからとても同じ天をいただかない。つまり、いっしょに生きられない。

庇を貸して母屋を取られる／ひさしをかしておもやをとられる
[慣用]親切心から庇を貸したら、とうとう母屋までとられてしまった。好意でなしたことが、それにつけこまれ全部とられてしまう。恩を仇で返されること。

過ちを改むるに憚ること勿れ／あやまちをあらたむるにはばかることなかれ
[論語]間違いに気がついたら、見栄や体裁、体面を捨てても、すぐさま対応すべきである。洋の東西を問わず、役人に聞かせてやりたいせりふ、至言格言。

禍福は糾える縄の如し／かふくはあざなえるなわのごとし
[史記]世の中、何が起こるかわからない。幸いが禍(わざわ)いになり、また逆もある。縄はたがいによりあわされて作られる。糾えるとは、よりあわせること。一寸先は闇かもしれない。

勧学院の雀は蒙求を囀る／かんがくいんのすずめはもうぎゅうをさえずる
[慣用]別に覚えようとしなくても自然に身につくことがある。勧学院といういかめしい学校のスズメたちすら、蒙求をそらんじるのだから。勧学院は藤原氏の学校。蒙求は中国の教訓書。

燕雀安んぞ鴻鵠の志を知らんや／えんじゃくいずくんぞこうこくのこころざしをしらんや
[史記]小さな鳥(燕雀)には大きな鳥(鴻鵠)の志がわからないように、小人物には志の高い人間を理解することはできない。秦が倒れるきっかけを作った陳渉の挙兵する前に語った言葉。

惻隠の心は仁の端なり／そくいんのこころはじんのはじめなり
[孟子]人間に対してあわれみやいたわしく思う心(惻隠の情)、いつくしむ心を持つことこそが仁の求めるところである。

読むだけじゃなく意味も考えよう

あの声で蜥蜴食らうか時鳥

窮寇には迫ること勿れ

窮鼠猫を噛む

老いては麒麟も駑馬に劣る

天網恢々疎にして漏らさず

以て饅頭と為す

収斂の臣あらんより、寧ろ盗臣あれ

あの声で蜥蜴食らうか時鳥／あのこえでとかげくらうかほととぎす

［宝井馬琴］あの美しい声で鳴くホトトギスが、あの醜いトカゲを食べるとは想像できない。ものごと見かけだけで判断はできない。ホトトギスは不如帰、郭公、杜鵑、沓手鳥、蜀魂、子規とも書く。

窮寇には迫ること勿れ／きゅうこうにはせまることなかれ

［孫子］窮寇、逃げ場を失った敵に対して、深追いをしてはいけない。死にものぐるいで抵抗されると、こちらも危うくなる。次の項の「窮鼠猫を噛む」に同じ。

窮鼠猫を噛む／きゅうそ ねこをはむ

［塩鉄論］天敵である猫に追いつめられたネズミも、いざ最期となれば、猫に食らいつくもの。転じて、どんな弱い者でも、追いつめられれば死にものぐるいで戦うものだ。

老いては麒麟も駑馬に劣る／おいてはきりんもどばにおとる

麒麟は想像上の動物だが、万能の生き物。駿馬にもなる。しかし、これが老いを重ねると、役立たずの馬・駑馬にも及ばなくなる。人もいくら武勇知力にすぐれた者でも、歳には勝てない。

天網恢々疎にして漏らさず／てんもうかいかい そにしてもらさず

［老子］天の網の目は広く粗いようだが、悪人を捕らえるに漏らすことはない。悪いことをすれば必ず天の罰がくだる。

以て饅頭と為す／もってまんじゅうとなす

［群談採余］諸葛孔明が凱旋の途中、難所の川にさしかかる。この川を渡るのには四九人の首を川の神に捧げなければならない。孔明は山羊の肉と小麦粉で首の代わりとした。饅頭の始まりという。

収斂の臣あらんより、寧ろ盗臣あれ／しゅうれんのしんあらんより、むしろとうしんあれ

［大学］重税をむごく取り立てて民心を失う臣よりは、私腹を肥やすために国有財産を費消する臣のほうが、まだしもましである。この言葉が書かれて二千数百年、人間というものは進歩したのだろうか。

漢字と漢語の違い

左の言葉は誰でも読めますよね。でも、もうひとつ読み方があります。
さて、なんと読むでしょう？

浮世　一人　人間

左の言葉も読めないひとはいません。でも、漢語では意味が違います。
さて、どんな意味でしょう？

多少　左右

漢字と漢語の違い

漢字と漢語の違い◆1

意味が全く反対のこともある

勉強 べんきょう　漢字▽学問に励む。物を安く売る　漢語▶物事を強いられる

多少 たしょう　漢字▽少し、少しばかり、ちょっと　漢語▶多い　▽花落ツルコト〜。どれほど

迷惑 めいわく　漢字▽困る、邪魔、許されない　漢語▶道に迷う。心が乱れる

馳走 ちそう　漢字▽もてなし、おいしい物、ふるまい　▽ご〜　漢語▶馬、馬車に乗って走る

喧嘩 けんか　漢字▽争い、いさかい　漢語▶にぎやか。うるさい。さわがしい

左右 さゆう　漢字▽みぎひだり　漢語▶側近、補佐すること。決定する、動かす　▽〜する

遠慮 えんりょ　漢字▽控え目に、辞退する　漢語▶先々までよく見通す。深い考え　▽深謀〜

人口 じんこう　漢字▽定着する人の数。行なう人の数　▽釣り〜　漢語▶人々、国民。一般の人、普通に

稽古 けいこ　漢字▽習うこと。練習　漢語▶昔のことを考える。古書を参考にする

故人 こじん　漢字▽死んだ人　漢語▶友達。旧友、おさななじみ

披露 ひろう　漢字▽公開する。おひろめ　▽〜宴　漢語▶心の中を見せる、心情を吐露する

漢字と漢語の違い◆2

意味はもちろん、読みも違う

浮世　漢字▽うきよ　この世、世間　漢語▼ふせい　はかない人生

淋　漢字▽さみしい　さみしい　漢語▼リン　したたる。たらたらとしたたり流れる　▽淋雨

一人　漢字▽ひとり　個人　漢語▼いちにん　この世で一人しかいない。天皇、天子　▽御～

人間　漢字▽にんげん　人　漢語▼じんかん　人の世、世間、世の中。俗世

青山　漢字▽あおやま　青々とした山。みどりの高原　漢語▼せいざん　骨を埋める地。墓地　▽人間至る所～あり

嵐　漢字▽あらし　あらし　漢語▼ラン　もや。澄みきった山の空気（青嵐）

粟　漢字▽あわ　穀物の名　漢語▼ゾク　食料。給与、報酬、俸禄

百姓　漢字▽ひゃくしょう　農民、お百姓さん、いなかもの　漢語▼ひゃくせい　一般、民、国民、億兆

大人　漢字▽おとな　成人男女、一般の人　漢語▼たいじん　人格のすぐれた人。君主

咄　漢字▽はなし　人に聞かせるためまとめたもの　漢語▼トツ　叱る、注意をする

境内　漢字▽けいだい　寺社の領域　漢語▼きょうない　地区内、国境の内。国内

偲　漢字▽しのぶ　思いをはせる　漢語▼サイ　努力する。思慮が深い

漢字と漢語の違い

なぜ誤読が生まれるのか

漢音と呉音、それに宋音

その理由は、日本語の読み(音)が、一つでないからにある。例えば、「行」。行動、銀行はコウ。修行、行儀はギョウ。行灯、行脚はアン。これらをごちゃまぜにすると、銀行は「ギンギョウ」、行儀は「コウギ」と読んでしまう。当然誤読となる。

もともと日本語(漢字)の発音には、三つの流れがあった。

1つは、呉音。もっとも早く伝来した言葉。中国の南朝の国(呉、斉、梁、宋、陳ら)から伝わったと思われる言葉である。これらの国は仏教を奨励したので、その関係で、仏教語に多く使用されるようになった。

2つは、漢音。遣唐使、留学者がもたらした唐代の言葉。日本語(漢字)の基本となった語である。おおかた、官界、学界の用語に使った。

3つは、宋音。宋の僧によってもたらされた言葉。禅僧、商人から民間人によって使用された。

つまり、呉音は仏教関係に多く、公の官界などでは漢音、日常語には宋音が使われるようになった。

誤読のパターーン、「会釈・エシャク」つまり呉音のエを、「カイシャク」つまり漢音のカイ、と読んだところから始まっているのだ。

日本語は難しい、でも恥はかきたくない。

第四章

読めれば楽しい漢字859

魚偏の魚／魚偏じゃない魚／水生生物／鳥偏の鳥／鳥鶏雀…／昆虫と両生類、爬虫類／哺乳類に爬虫類が二つ／木樹林森／花葩芳樹／花木草色／花実木実／野菜根菜葉菜果菜／山野菜草／食材惣菜／身体鬚膚／体の異変／職業役柄／建築庭園／生地衣装／和装和髪／日常什器／男の道具／風雨雪氷／数／単位／伝統色／古今難読人名／古今難読書名／和洋折衷／外国国名／外国都市名

鬼の首をとった篇

これだけ読めれば、大満足。
自慢できること請け合い。
森羅万象なんでも漢字で書ける。
そして、それを読める。
ここをクリアすれば、鼻が高い。
みんなに教えてあげようの八五九アイテム。

注： 漢字に多くの意味のあるものは、もっとも
よく使用されているものを挙げた。

魚偏の魚

鮪　鮟鱇　鯡　鰆

鰺　鮴　鰤　鱚　鰍

鰌　鯰　鰰　鮗

まず、小手調べ。
いくつ読める？

鮫　鯱　鱶　鱧　鱸

鮃　鰈　鰡　鯖　鯊

魚偏の魚

まぐろ
サバ科マグロ属。三メートル、四百キロにもなる

あんこう
アンコウ科。各地の海底にすみ、鮟鱇鍋にして美味

にしん
鰊。ニシン科。北海道に多い。鯑(かずのこ)はその卵

さわら
サバ科サワラ属。瀬戸内海では春に来遊する

あじ
鯵。アジ科のうち、側線上にひし形の模様があるもの

ごり
金沢ではカジカ、琵琶湖ではヨシノボリ。佃煮にする

ぶり
アジ科。出世魚でワカシ→イナダ→ワラサ(稚鰤)

きす
キス科。南日本沿岸の砂底にすむ。シロギスは美味

かじか
カジカ科の淡水魚。一見ハゼ型で細長く、鱗がない

どじょう
ドジョウ科。淡水の泥のなかにすみ、夜、餌を探す

なまず
ナマズ科の淡水魚。頭部扁平で四本の口ひげがある

はたはた
ハタハタ科。北日本に産。しょっつる鍋の材料

このしろ
ニシン科。中等大のものはコハダ、ツナシ

さめ
温帯・熱帯の海に産。凶暴で貪食。蒲鉾の材料にも

しゃち
世界中に分布。クジラを襲う。**しゃちほこ**とも読む

ふか
サメ類の関西での地方名。ひれは中華料理に用いる

はも
ハモ科。ハミ(蛇類の総称)と同語源。鱧料理は美味

すずき
スズキ科。幼魚はセイゴ、成長してフッコ

ひらめ
ヒラメ科。近海の砂底に横臥。両眼とも左側にある

かれい
カレイ科。マガレイ、イシガレイなど。両眼とも右側

ぼら
淡・海両水域にすむ。塩漬け卵巣は唐墨(からすみ)

さば
サバ科。背は青緑色。日本近海に分布、腐りやすい

はぜ
沙魚とも書く。淡・海・汽水にすみ、二十センチ以下

魚偏じゃない魚

秋刀魚

梭子魚

柳葉魚

氷下魚

旗魚

香魚

公魚

虎魚

細魚

松魚

玉筋魚

ヒント？　魚の特徴
というか個性かな

石首魚

石斑魚

翻車魚

竹麦魚

眼張

鮎魚女

黍魚子

魚偏じゃない魚

さんま
サンマ科。晩夏、北海道方面から南下。秋に美味

かます
カマス科。口は大きく、歯が鋭い。干物として賞味

ししゃも
アイヌ語。キュウリウオ科。ワカサギに類似し、美味

こまい
タラ科。根室地方などで冬季海面の氷の孔から釣る

かじき
マカジキ科、メカジキ科。熱帯・温帯の外洋に分布。マグロに似る

あゆ
鮎。年魚とも書く。日本の名産魚。珪藻を食べ、香気がある

わかさぎ
キュウリウオ科。北日本の氷結湖の穴釣で有名

おこぜ
オニオコゼ科および近縁数種の総称。夏が旬で美味

さより
虎魚サヨリ科。体は青緑色で細長く扁平。下唇は嘴状

かつお
鰹。サバ科。暖海の表層にすむ回遊魚。土佐のたたきが有名

いかなご
イカナゴ科。小女子(こうなご)とも呼ぶ。小さいものを煮干し・佃煮に

いしもち
シログチの別称。頭に大きな耳石があるからいう

うぐい
淡水魚。産卵期には雌雄とも腹に赤い縦じまができる。イダ、ハヤ

まんぼう
マンボウ科。熱帯・温帯にすみ、ときに海面に浮く。卵円形で扁平

ほうぼう
ホウボウ科。胸びれから遊離した三本の軟条で海底を這う

めばる
カサゴ科。眼が大きく、各地沿岸にいる。春に美味

あいなめ
アイナメ科。海藻や岩礁の間にすみ、体色変化が著しい

きびなご
ニシン科。南日本産。体長十センチのイワシ型。食用または釣餌

水生生物

章魚

沙蚕

醤蝦

浅蜊

烏賊

河豚

蝦蛄

栄螺

田螺

膃肭臍

海豚

海老や海苔なら簡単だけど……

海扇

水雲

海豹

海象

海驢

海月

海松

海馬

海鼠

海鞘

海星

海栗

水生物

たこ
蛸。頭足類タコ目の軟体動物の総称。八本の腕に吸盤

ごかい
ゴカイ科の環形動物の総称。全国に分布。釣餌用

あみ
アミ目の甲殻類。塩辛、佃煮のほか、釣りのまき餌

あさり
マルスダレガイ科の二枚貝。潮干狩りの主要な獲物

いか
イカ綱の軟体動物の総称。墨汁嚢をもち、敵を欺く

ふぐ
フグ科。卵巣・肝臓・腸等に猛毒をもつものがある

しゃこ
シャコ科の甲殻類。エビに似て平たく、砂底にすむ

さざえ
リュウテンサザエ科巻貝の総称。日本近海に多い

たにし
タニシ科の淡水産巻貝の総称。水田、沼地にすむ

おっとせい
アシカ科の海生哺乳類。一雄多雌のハレムをつくる

いるか
歯クジラ類イルカ科の海獣の総称。群れをなして遊泳

ほたてがい
帆立貝。養殖が盛ん。貝柱は食用、殻は細工用

もずく
褐藻類モズク科の海藻。酢の物として賞味する。

あざらし
食肉類アザラシ科の哺乳類。寒冷の海にすむ

せいうち
セイウチ科の哺乳類。雄の体重は一トンにも

あしか
アシカ科の哺乳類の総称。乱獲で日本近海では絶滅

くらげ
水母。海中を漂う寒天質の生物体。触手には毒をもつ

みる
緑藻植物ミル科の海藻。濃緑色で、直径三ミリ。食用

とど
アシカ科の哺乳類。北海道、東北の海岸にも棲息

なまこ
棘皮動物ナマコ綱に属する海生動物の総称。千百種

ほや
ホヤ目尾索類の総称。単体と群体があり、三百種ある

ひとで
ヒトデ綱棘皮動物。星形、または五角形。千五百種

うに
海胆とも。棘で覆われ、踏むと痛い。塩漬は雲丹と書く

鳥偏の鳥

梟　鵬　鴻　鴨

鶉　鳶　鵝　鵞鳥　鶇

鴇　鸚鵡　鴫　鷦鷯

鷲と鷹、裕次郎の名作です

鶺鴒　鷄　鶸　鶚　鳰

鵲　鴛鴦　鸛　鷽　鶯

鳥偏の鳥

うずら
尾が短く、褐色の地味なキジ科の鳥。肉・卵は美味

とき
朱鷺、桜花鳥。日本では絶滅。天然記念物。国際保護鳥

せきれい
水辺で長い尾を振りながら、昆虫を捕る小鳥

かささぎ
カラスより小。腹以外は緑黒色。カチカチと鳴く

ふくろう
おうむ夜行性。ノネズミやノウサギを捕食する

とび
鵄。ワシタカ科でピーヒョロロと鳴く。小動物を食う

おうむ
オウム科のうち、尾が短く、冠羽のある大型鳥

ひたき
火打石を打つ音に似たヒッヒッという鳴き声

おしどり
ガンカモ科の水鳥。雄の冬羽はとくに美しい

おおとり
「荘子」に出てくる中国の想像上の大きな鳥

ぬえ
トラツグミの別名。夜の鳴き声は不吉とされた

ひわ
アトリ科。冬、日本全土に渡来。マヒワは法定飼い鳥

こうのとり
翼長六五センチほど。「松上の鶴」と呼ばれた

ひしくい
マガンよりやや大きく、秋に飛来する。天然記念物

がちょう
ガンを飼い慣らしたガンカモ科の水鳥。主に肉用

しぎ
シギ科。湿地で甲殻類や貝を捕食。越冬のため飛来

みさご
魚食性の大型のタカ。翼長約五十センチ。世界に分布

うそ
スズメより大きく、頭と尾・翼は、黒色。鷽替神事

ひよどり
青灰色でヒイヨヒイヨとやかましく鳴く　／ひよ

つぐみ
黒褐色に栗色の混ざった渡り鳥。日本には秋に飛来

みそさざい
翼長五センチ。チヨロロロロと高音でさえずる

かいつぶり
潜水が得意な水鳥。水上に「鳰の浮き巣」をつくる

うぐいす
鶯。春告鳥、歌詠鳥、人来鳥。ホーホケキョと鳴く

鳥鶏雀…

信天翁　孔雀　啄木鳥　鸚哥

雲雀　四十雀　翡翠　熊啄木鳥　斑鳩

小雀　山雀　時鳥　書眉鳥

歌を忘れた鳥は何だっけ？

水鶏　金糸雀　木菟　善知鳥　椋鳥

軍鶏　矮鶏　木葉木菟　百舌　十姉妹

鳥鶏雀…

ひばり
畑・草原に巣を作り、空中高く昇ってさえずる

こがら
シジュウカラに似る。鳴き声はツツジャージャー

くいな
水辺の草むらにすみ、キョッキョッと鳴く

しゃも
鶏の一品種だが、背が高く、精悍。闘鶏や食用に

あほうどり
特別天然記念物・国際保護鳥に指定。大型海鳥

しじゅうから
腹、頬は白く、頭、喉の黒い、林地の鳥の代表

やまがら
腹は赤褐色。ツーツーチーと鳴き、人になれる

かなりあ
黄色で姿形の美しい愛玩鳥。原種はカナリア諸島産

ちゃぼ
小型の日本鶏。江戸時代に渡来し、改良された

くじゃく
先端が目のような模様をした美しい羽をもつ

かわせみ
「空飛ぶ宝石」とも称されるコバルトブルーの鳥

みみずく
フクロウ科のうち、耳のように見える長い飾り羽をもつ

このはずく
フクロウの一種で小型。ブッポウソウと鳴く

きつつき
鋭い鉤爪で幹にとまり、穴をあけて昆虫をとる

くまげら
全体に黒色で、キョッキョッと鳴く。天然記念物

ほととぎす
テッペンカケタカと鳴く。ウグイス等の巣に托卵

うとう
鳩くらいの大きさで、繁殖期には上嘴に突起が出る

もず
餌をとり、木の枝などに刺すのはモズのはやにえ

いんこ
オウム科のうち、中・小型で尾の長い鳥

いかる
低山岳にすみ、嘴は黄色。翼長十一センチ

ほおじろ
体は茶系、頬に白線がある。一筆啓上仕候と鳴く

むくどり
人家付近の樹林や田んぼに群棲し、騒がしく鳴く

じゅうしまつ
スズメくらいの大きさの愛玩用飼鳥。育雛がうまい

昆虫と両生類、爬虫類

瓢虫

斑猫

天牛

蝸牛

水馬

椿象

飛蝗

邯鄲

蜉蝣

浮塵子

孑孒

牛象猫馬もいるのに昆虫？

蟋蟀

蟷螂

蚯蚓

蛞蝓

蚰蜒

蟾蜍

蜥蜴

壁蝨

蜚蠊

蜈蚣

蟒蛇

蝦蟇

昆虫と両生類、爬虫類

てんとうむし
半球体、小形で赤や黒の斑点がある甲虫 ／天道虫

はんみょう
金緑色、金赤色などの美しい甲虫 ／ミチオシエ

かみきりむし
大あごが発達して強く、糸をかみきる。世界に一万種

かたつむり
陸生巻き貝蝸牛類。二対の触覚の大きいほうに目がある

あめんぼ
長い足で水面を滑走する。水飴のようなにおいを出す

かめむし
カメの甲に似た六角形の甲虫で、独特の臭気を出す

ばった
バッタ科と近縁の昆虫。草原にすむ。日本に四十種

かんたん
コオロギ科。黄緑色で弱々しくルルルと鳴く

かげろう
幼虫は水生。成虫の寿命は数時間から数日と短い

うんか
五ミリほどで植物の汁を吸う。イネの害虫

ぼうふら
蚊の幼虫。汚水中にすむ ／ボウフリ。ボウフリムシ

こおろぎ
夏から秋に鳴く。古くはキリギリスとも呼ばれた

かまきり
前脚が鎌状。肉食性。交尾後に雌が雄を食べることも

みみず
釣餌、また生薬として用いることも。雌雄同体

なめくじ
殻をもたない陸貝。野菜や果物を食害する

げじげじ
ゲジの別名。百足に似るが、体長は二・五センチ以下

ひきがえる
体長八～十五センチ。背面のイボからガマ毒を分泌

とかげ
現存の爬虫類のなかでもっとも栄え、世界に三千種

だに
昆虫ではなくクモやサソリに近縁。一万種以上

ごきぶり
大部分が野外種。屋内性のものは雑食性／アブラムシ

むかで
百足。頭と胴に分かれ、各体節には一対の足がある

うわばみ
巨大な蛇。とくに熱帯産のニシキヘビ類 ／オロチ

がま
ヒキガエルの別称。イボガエル、センジョ、ヒキ

哺乳類に爬虫類が二つ

貂

冬眠鼠

鼬

土竜

熊猫

貘

狢

蝙蝠

獺

樹懶

猩々

麒麟は哺乳類なのかなあ？

鼈

玳瑁

麒麟

狒狒

驢馬

羆

駱駝

馴鹿

箆鹿

羚羊

浣熊

狆

哺乳類に爬虫類が二つ

パンダ
アライグマ科とクマ科の特徴をもつ原始的哺乳動物

なまけもの
木の枝にぶら下がり生活をする。熱帯アメリカに分布

きりん
頭頂まで約六メートル。アフリカのサハラ以南に分布

となかい
北極地方で野生または家畜化されたシカ科の動物

てん
イタチ科。毛色は産地や季節で違うが、四肢下部は黒

ばく
ウマ目。長い鼻で、森林にすむ。ほかに想像上の動物も

しょうじょう
中国の想像上の怪獣。猿のような顔で、毛は朱紅色

ひひ
オナガザル科のうちアフリカ産で地上性の一群。凶暴

へらじか
シカのなかで最大種。雄はてのひら状の角をもつ

やまね
ネズミに似るが、長毛で背に黒帯が走る。天然記念物

むじな
タヌキ、またはアナグマの異名。地方によって異なる

ろば
ウマ科の家畜。肩高一メートル内外。農耕、運搬用

かもしか
日本特産。山岳地帯に単独で生活。特別天然記念物

いたち
肉食獣。追いつめられると、イタチの最後っ屁で応戦

こうもり
飛行できる哺乳類。日本に約三十種。日暮れに活動

すっぽん
カメの一種。甲羅は軟らかな皮膚で覆われ、肉は美味

ひぐま
二メートル前後で褐色、黒色。日本では北海道に生息

あらいぐま
タヌキに似るが、尾に黒い輪状斑がある。食物を洗う

もぐら
地下に坑道を掘ってすむ。目は退化し、耳介はない

かわうそ
水辺にすむイタチ科の肉食獣。特別天然記念物／おそ

たいまい
ウミガメ科。甲羅が鼈甲の材料なので、絶滅の危機に

らくだ
背に脂肪を蓄えるこぶがある。砂漠の船といわれる

ちん
奈良時代に中国から移入、改良された小型犬。愛玩用

木樹林森

栴檀

仙人掌

棕櫚

接骨木

樅

山毛欅

槐

寄生木

五加

馬酔木

木斛

薔薇は読めるけど書けない

翌檜

落葉松

楊梅

百日紅

木槿

山査子

椴松

公孫樹

枸橘

海石榴

楡

木瓜

木樹林森

もみ
常緑針葉樹。日本の特産で建築材、経木材、製紙原料

あせび
馬が食うと麻痺するツツジ科の木。アシビ。アセミ

やまもも
高さ十メートルにもなり、夏には暗紅色の果実がなる

いちょう
春に緑色の小花が咲き、秋には種子・銀杏が熟す

せんだん
実は鎮痛・整腸に樹皮は虫下しに用いる。ビャクダン

ぶな
ブナ科の落葉高木。果実は食用・油用。樹皮は染料

もっこく
ツバキ科。暖地の常緑高木。材は櫛、床板、樹皮は染料

さるすべり
幹の皮が滑らかで猿も滑るということから。中国原産

からたち
唐タチバナの略。ミカン科の落葉低木。中国原産

さぼてん
常緑多年草。表面のトゲは托葉の変形。観賞用

えんじゅ
マメ科の落葉高木。花のあとのさやは石鹸の代用に

むくげ
夏から秋に、紫、淡紅、白色の花をつける　／ハチス

つばき
初春、赤色大輪の花を開く。種子から椿油、材は工芸

しゅろ
幹は円柱で直立、毛で覆われ、葉はてのひら状に深裂

やどりぎ
他の樹木に寄生した木。他にヤドリギ科の常緑低木

あすなろ
明日はヒノキになろうの意。建築材、船材、枕木などに

さんざし
春、梅に似た五弁白色の花を開くバラ科の落葉低木

にれ
ニレ属の落葉高木。ハルニレ、アキニレ、オヒョウ

にわとこ
四月ごろ白色の密生した花をつけ、実は赤熟。薬用

うこぎ
若葉は食用。乾した根皮は生薬の五加皮で強壮薬

からまつ
寒地に自生。針状の葉は晩秋に黄変して美しい

とどまつ
アカトドマツの別名。幼樹はクリスマスツリーに

ぼけ
バラ科。観賞植物。春に二センチほどの花が咲く

花葩芳樹

躑躅　山茶花　海棠　凌霄花

竜胆　満点星　鬼灯　石楠花　辛夷

金鳳花　秋桜　罌粟　紫陽花

なぜ花の名に金がつくの？

忍冬　金雀児　合歓　沈丁花　梔子

金盞花　沢瀉　金縷梅　木犀　女郎花

花芭芳樹

りんどう
葉は笹に似、秋には紫色鐘型の花を開く。山野に自生

きんぽうげ
初夏に五弁の花をつける。有毒植物／ウマノアシガタ

すいかずら
茎、葉を乾したものが生薬の忍冬(にんどう)

きんせんか
キク科一年草。春に黄色の八重咲きの花をつける

つつじ
山地にある常緑の低木。花色は多彩で観賞用に栽培も

どうだんつつじ
春に白色壷形の花を多数、下向きにつける

こすもす
原産地メキシコ。秋に白、薄紅、紅色の花が咲く

えにしだ
五月に多数の黄花が咲く。原産地は南ヨーロッパ

おもだか
水田などの湿地にはえる　／ナマイ、ハナグワイ

さざんか
四国・九州の山地にはえ、観賞用にも　／ヒメツバキ

ほおずき
ナス科の多年草。球形の液果を巨大化した萼が包む

ねむ
五〜十メートルの木で夜間は葉を閉じる。夏に紅花

まんさく
春、葉より先に黄四弁の花が咲く。庭木、生け花に

かいどう
バラ科の落葉小高木。四月に淡紅色の花が咲く

しゃくなげ
山地の岩石地にはえ、晩春に淡紅色、白色の花を開く

けし
開花期五月。アヘンを製するので、一般栽培は禁止

じんちょうげ
早春に芳香のある花をつける。花弁に見えるのは萼

もくせい
秋、芳香のある小花を多数つける／キンモクセイ

のうぜんかずら
つる性の落葉樹。夏に黄赤色で漏斗状の花をつける

こぶし
春、香のある白い六弁花をつける／ヤマアララギ

あじさい
梅雨の頃、球状の花序をつける。七変化の名もある

くちなし
初夏に芳香のある白花が咲く。果実は染料・薬用に

おみなえし
山野にはえ、夏から秋に黄色の小花が咲く。秋の七草

花木草色

菖蒲　紫雲英　鴛鴦菊　吾亦紅

杜若　向日葵　菫　蒲公英　竜舌蘭

酢漿草　葵

一字の花には難読は少ない

連翹　浜木綿

撫子　含羞草　芙蓉　車前草　狗尾草

靫葛　芍薬　勿忘草　薊　万年青

花木草色

かきつばた
アヤメ科多年草。菖蒲に似る。初夏に咲く花は紫か白

かたばみ
路傍や畑で春から秋に黄色小花が咲く／スイモノグサ

なでしこ
草地・川原で夏秋に淡紅色の花をつける。秋の七草

うつぼかずら
つる性の食虫植物。壷状の袋に落ちてきた虫を食べる

あやめ
山野に群生。初夏に紫の花が咲く。観賞用に栽培も

ひまわり
北アメリカ原産。夏の黄色い花は直径二十センチにも

あおい
フユアオイ・タチアオイ・ゼニアオイなどの俗称

おじぎそう
葉に触れると閉じて葉柄が垂れる。夏に淡紅色の花

しゃくやく
ボタンに似て古くから観賞用に栽培される。根は生薬

げんげ
レンゲソウの植物分類上の呼び名。春咲く花は紅紫色

すみれ
山野で、春に濃紫色の五弁花をつける　／ヒトハグサ

ふよう
夏から秋、淡紅または白色の大形の一日花をつける

わすれなぐさ
春夏に藍色の小花。ヨーロッパ原産。英名forget me not

とりかぶと
キンポウゲ科の多年草。塊根を乾燥したものは猛毒

たんぽぽ
全世界に分布。若葉は食用、根は生薬で健胃に

れんぎょう
早春、鮮黄色・四弁の筒状花が美しい　／イタチグサ

おおばこ
路傍にもっとも普通の雑草。葉・種子は利尿剤となる

あざみ
葉は羽状に切れこみ、刺がある。花は紅紫　／刺草

われもこう
夏から秋、暗紅色の花びらのない小花を穂状につける

りゅうぜつらん
メキシコ原産。稀に六～九メートルの花茎に花が咲く

はまゆう
暖地の海岸で太い花茎に白い花をつける／ハマオモト

えのころぐさ
各地にある雑草。夏に緑色の犬の尾のような穂を出す

おもと
ユリ科観葉植物。葉は根茎から出、夏に花をつける

花実木実

枸杞
杏子
花梨
桜桃

檸檬
酢橘
柚子
椪柑
橡

石榴
棗

葡萄林檎蜜柑
桃梨梅柿栗橙

枇杷
木天蓼

茱萸
無花果
毬栗
団栗
李

茘枝
通草
胡桃
銀杏
茴香

花実木実

くこ
果実はクコ酒に用いて、強壮の効があるという

あんず
梅に似た大きな果実は砂糖漬け・ジャムの材料になる

かりん
秋に熟す果実は芳香があり、果実酒やせき止め用に

さくらんぼ
サクランボウ。桜の果実。とくに食用とする桜桃の実

れもん
インド原産。ミカンに似た花で、果実は初冬に熟す

すだち
柚子より小形の実は緑で香気、酸味強い。徳島県名産

ゆず
ミカンに似た果実の香気と酸味は焼魚などに合う

ぽんかん
インド原産。鹿児島名産。大型果実は橙黄色で美味

とち
トチノキ。種子から澱粉をとり、橡餅・橡粥など作る

ざくろ
ペルシア・インド原産。実は秋に熟す／ジャクロ

なつめ
中国原産。実は暗赤色で食用のほか、強壮剤にも

びわ
初夏に熟す実は黄白色で卵形。葉は薬用、材は木刀に

またたび
黄色長楕円形の果実は食用。猫科の動物が好む

ぐみ
果実は液果状で赤く、食用。アキグミ・ナツグミなど

いちじく
ザクロ・ブドウと並び、世界でもっとも古い果樹

いがぐり
いがに包まれたままの栗の実

どんぐり
カシ、クヌギ、ナラ類の実の俗称。実の下には殻斗

すもも
果実は桃より小さく酸味があり、ジャムに　／プラム

れいし
ライチ。見た目は悪いが、果肉は白く甘くて美味しい

あけび
開け実の意。秋、果実は熟して縦に割れる／ヤマヒメ

くるみ
果実はかたい種子を含み、食用。油も搾る

ぎんなん
イチョウの実。外側は悪臭があるが、内は美味

ういきょう
セリ科多年草。果実は健胃薬・香料などに利用

野菜根菜
葉菜果菜

豌豆

大角豆

刀豆

蚕豆

糸瓜

胡瓜

南瓜

冬瓜

甜瓜

干瓢

牛蒡

スイカは垂加。
小豆はアズキ

青梗菜

衣被

玉蜀黍

独活

蒟蒻

湿地

浅葱

辣韮

大蒜

野蒜

菠薐草

分葱

野菜根菜葉菜果菜

- **へちま** 茎から化粧・薬用のヘチマ水がとれ、タワシにも
- **かんぴょう** ユウガオの果肉を帯状に剥いて乾燥させたもの
- **とうもろこし** 唐もろこしの意。食用のほか、でんぷん・油脂をとる
- **らっきょう** ユリ科ネギ属。鱗茎には臭気があり、食用とする
- **えんどう** 中国から渡来したマメ科の一年生または二年生作物
- **きゅうり** 熟すと黄色くなる黄瓜の意。漬物・ピクルスに
- **ごぼう** 細長い滝野川、太くて短い堀川・大浦など多種
- **うど** 二メートルにもなる多年草。若芽は食用、根は生薬
- **にんにく** ユリ科。鱗茎に数個の小球があり、食用、強壮薬に
- **ささげ** アフリカ中部原産。秋に長いさやを結び、食用
- **かぼちゃ** 十六世紀カンボジアから渡来。食用、観賞用、飼料用
- **こんにゃく** 地下の球茎がこんにゃく玉。昔は洗濯糊の原料にも
- **のびる** 山野に自生し、ネギに似た臭気がある。茎・葉を食用
- **なたまめ** 福神漬けの材料。さやは三十センチで、豆は赤紅色
- **とうがん** 大きく球形の実は食用。種子は利尿の生薬に／トウガ
- **ちんげんさい** 中国の白菜の一。パクチョイのうち、葉が緑のもの
- **しめじ** におい松茸、味しめじといわれるほど、人気のキノコ
- **ほうれんそう** おひたしに欠かせない野菜。ビタミンAを多く含む
- **そらまめ** さやが空に向かってつくのでこう呼ばれる／ナツマメ
- **まくわうり** メロンの一変種。昔、岐阜県真桑村の名産だった
- **きぬかつぎ** 皮ごとゆで、皮をむいて塩などで食べる里芋の子芋
- **あさつき** ネギ類のなかでもっとも細く、冷ヤッコや鍋の薬味
- **わけぎ** ぬたにして美味。株分けで繁殖することから命名

山野菜草

生薑　芹　蕁麻　蕗

蕨　繁縷　蓴菜　韮　石蕗

薺　山葵　土筆　薇

春の七草はどれでしょう？

慈姑　菘　蓬　御形　木耳

蘿蔔　茗荷　仏座　虎杖　蓼

山野菜草

わらび
四～五月ごろ山野に出る山菜の代表格。おひたしに

なずな
道端に生える普通の雑草。若い葉を食用に。春の七草

くわい
芽が出る縁起物で正月などに使われる。含め煮が美味

すずしろ
清白菜（すずしろな）の意。大根の別名。春の七草

しょうが
食用・香辛料、また健胃・解熱・解毒剤として利用

はこべ
道端・畑などに生える。食用、小鳥の餌用。春の七草

わさび
山間の清流や湧き水を利用して栽培される。薬味に

すずな
青菜、蕪の別称。葉にはビタミンAが豊富。春の七草

みょうが
夏ミョウガと秋ミョウガがあり、葉も茎も食用になる

せり
血圧降下や解毒作用があるといわれる。春の七草

じゅんさい
スイレン科の水草。生のままワサビ醤油や三杯酢で

よもぎ
若葉はヨモギ餅に、成長したものは灸のモグサに

ほとけのざ
畔などに多いタビラコの別称。若葉を食用。春の七草

いらくさ
茎皮は糸の原料。芽は食用。蟻酸があり、触ると痛い

にら
「古事記」にも出てくる野菜。精力増進作用がある

つくし
スギナの地下茎から早春に生ずる胞子茎。苦味が美味

ごぎょう
ハハコグサの異名。若い茎葉を食用。春の七草

いたどり
中空の茎は二メートルにも。葉はタバコの代用になる

ふき
早春に顔を出すのはフキノトウ。葉も茎も煮て美味

つわぶき
フキに似るが、光沢がある。葉は薬用、茎は食用

ぜんまい
湿原野や水辺に自生する山菜。食用には乾燥物を使う

きくらげ
一般には乾燥品で流通。中華料理に不可欠

たで
香辛料。辛いことから「蓼食う虫も好き好き」

食材惣菜

漢字を知って
風味が倍増！

索麺
碁子麺
雲呑
栗金団

米粉
蕎麦
饂飩
羊羹
外郎

田麩
薯蕷
金鍔
柚餅子

雪花菜
粽
鹿尾菜
饅
善哉

摘入
雁擬
鯣
唐墨
海鼠腸

食材惣菜

そうめん
素麺。小麦粉をこね、細く長く切って乾かした食品

きしめん
名古屋の名産。平打ちのうどん／ヒモカワウドン

ワンタン
小麦粉の薄皮を調味し、湯煮してスープをかけたもの

くりきんとん
栗の実を煮つぶして作ったきんとん。正月料理に

ビーフン
うるち米を原料にした麺。主に台湾中国の料理に

そば
そば粉を水でこねて細長く切った食品。そばきりの略

うどん
小麦粉を塩水でこね、細く切ったもの　／ウンドン

ようかん
餡に砂糖・寒天を入れ、練る、蒸すなどした和菓子

ういろう
米の粉に砂糖を加えて蒸し、切ったもの。名古屋名産

でんぶ
魚肉の加工品。ゆでた身をほぐし調味したもの

とろろ
とろろ芋・汁の略。とろろ芋をすりおろしたもの

きんつば
水でこねた小麦粉で餡を包んで焼いた鍔型の菓子

ゆべし
味噌・米粉・うどん粉・砂糖に柚子の汁を加えた菓子

おから
豆腐製造の際、豆乳を搾ったかす。／キラズ、ウノハナ

ちまき
糯米・粳米粉・葛粉などで作った餅。端午の節句に

ひじき
海産の褐藻。乾燥させると黒色。油と相性がいい

ぬた
マグロやアサリなどや野菜を酢味噌で和えた食品

ぜんざい
白玉餅などに餡をかけたもの。関西ではつぶし餡汁粉

つみれ
魚のすり身を調味し、少しずつ丸めてゆでたもの

がんもどき
豆腐に山芋・卵白、野菜類を混ぜて揚げたもの

するめ
イカを開き、内臓を取って乾かした食品。祝儀に使う

からすみ
ボラ・サワラの卵巣の塩漬け。長崎の名産

このわた
ナマコのはらわたの塩辛。寒中に作ったものが最高

身体髪膚

體
鬚
肌理
踵

靨
旋毛
髭
髷
踝

頤
耳朶
臂
腓

肝心要は肝臓と心臓のこと

眸
睫
蟀谷
臍
臑

眦
睚
腋窩
鳩尾
腿

身体髪膚

えくぼ
笑うと頬にできる小さなくぼみ　▽あばたも〜。笑窪

おとがい
下あご　▽頤を解く＝大口を開けて笑うこと

ひとみ
目の玉のなかの黒い部分▽瞳を凝らす＝凝視すること

まなじり
目の尻の意。目じり　▽眦を決す＝目を見開くこと

からだ
体の旧字体。頭から足までをまとめていう語

つむじ
髪が渦状に巻くところ　▽〜を曲げる＝不機嫌になる

みみたぶ
耳の下部の垂れ下がった少し厚い肉◇耳たぼ。じだ

まつげ
まぶたのふちにある毛　▽睫を読まれる＝だまされる

まぶた
眼球をおおって、開閉する皮膚。解剖学では眼瞼

あごひげ
顎に生えるひげ。長く整えたものをいうことが多い

くちひげ
上唇の上方、鼻の下に生やしたひげ

こめかみ
耳と目尻の間の動く場所。米を噛むと動くところの意

えきか
わきの下。上肢分布の血管・神経・リンパ管が通る

きめ
人の肌の表面。**き**りともいう　▽〜の細かい肌

ほおひげ
頬に生えたひげ

ひじ
上腕と前腕をつなぐ関節　▽臂を食う＝拒絶される

へそ
腹部の真ん中の小さなくぼみ。臍帯のとれた跡。ほぞ

みぞおち
ミズオチの訛り。肋骨の下、胸の中央のくぼんだ場所

かかと
足の裏の後部／くびす、きびす。靴などのその部分

くるぶし
足首のすねとつながる部分にある内外両側の突起

こむら
すねの後方のふくれた部分／ふくらはぎ、こぶら

すね
下肢の膝からくるぶしにいたる部分／はぎ

もも
足のひざがしらの上から付け根までの部分

体の異変

洟

目脂

鼾

悪阻

吃逆

噯

涕

眩暈

瘧

含嗽

黒子

くっさめで名を売った人も

汗疹

胼胝

面皰

痘痕

疣

腋臭

肉刺

雀斑

白癬

皹

瘡蓋

乾瘡

体の異変

しゃっくり
横隔膜の痙攣で起こる特殊な音声／さくり、しゃくり

うがい
口や喉を水などですすぐこと。喉の感染症予防に有効

にきび
毛孔の炎症による皮疹で顔にできる。思春期に多発

そばかす
顔などにできる茶褐色の小斑点。直射日光は大敵

はな
鼻汁。鼻水 ▽～も引っ掛けない＝見向きもしない

くしゃみ
鼻の刺激や光刺激で起こる反射運動／くさめ

ほくろ
皮膚にできる黒色や暗褐色の斑／ははくそ、ほくそ

あばた
疱瘡が治った後に皮膚に残る痕。または似たもの

しらくも
小児の頭髪に白癬菌が寄生して起こす病気

めやに
目から出る脂のようにかたまった分泌物／めくそ

なみだ
涙腺からの分泌液。泣くこと。人情 ▽血も～もない

いぼ
皮膚にできる角質の小さな塊。感染することも

あかぎれ
寒さのため手足の皮膚が荒れ、裂けて痛むもの

いびき
睡眠中、呼吸にともなって鼻や口から出る雑音

めまい
目がまわること。目がくらむこと／げんうん

あせも
汗の刺激で皮膚にできる赤色の発疹／あせぼ

わきが
わきの下から分泌する汗が特有の悪臭を発する症状

かさぶた
外傷やできものが治るにつれ、その上に生ずる皮

つわり
妊娠の初期に悪心、吐気などを起こす状態

おこり
隔日か毎日一定時間に発熱する病。多くはマラリア

たこ
へんちとも読む。皮膚が角質化、厚く硬くなったもの

まめ
履物との摩擦などで、皮膚にできる豆のような水腫

はたけ
疥とも書く。皮膚に乾燥した白色の斑紋ができる

職業役柄

巫女　優婆塞　舎人　陰陽師

供奉　禰宜　比丘尼　采女　手弱女

中間　上臈　醜楯　益荒男

法眼　禿　九十九髪　防人　垂乳根

花魁　幇間　女衒　破落戸　宿直

服部も、もともとは職業名

職業役柄

みこ
神楽を舞うなど神に奉仕する未婚の少女。処女が原則

うばそく
仏教に帰依する在家の男性信者。信士、居士

とねり
大化改新前の天皇皇族の近習／律令制の下級官人

おんみょうじ
陰陽寮に属し、陰陽道に関する事をつかさどる職員

ぐぶ
天皇などの供の行列に加わること・人、おとも

ねぎ
神主の下、祝の上の神職。伊勢神宮では少宮司の次

びくに
出家して具足戒を受けた女子。尼の姿で遊行した芸人

うねめ
古代の宮中の女官のひとつ。日常の雑役に奉仕

たおやめ
たおやかな女。しなやかな女。**たわやめ**

ちゅうげん
中世、公家・武家・寺院などに仕える従者の一

じょうろう
身分地位の高い婦人。上臈女房。大奥をしきる女性

しこのみたて
天皇の盾となり戦う者。防人が自分を卑下していう語

ますらお
上代、朝廷に仕える官僚。のち女に対して男の通称

ほうげん
元は僧の位。のち、医師や画工などに与えられた位

かむろ
太夫・天神など上級遊女につく十歳前後の見習い少女

つくもがみ
ツクモ(水草)に似ていることで老女の白髪。転じて老女

さきもり
筑紫・壱岐・対馬など北九州の守備にあたった兵士

たらちね
垂乳根のは、母・親にかかる枕詞。転じて母・両親

おいらん
江戸吉原の遊廓で姉女郎のこと。転じて上位の遊女

たいこもち
遊客の機嫌を取り、酒興を助けるのを仕事とする男

ぜげん
江戸時代、女を遊女に売ることを業とした人

ごろつき
住所不定・無職でうろつき、脅しを働くならず者

とのい
泊まり込みで警戒にあたる役目の古語。**しゅくちょく**

建築庭園

筧　庇　破風　甍

納戸　雪隠　校倉　伽藍　庫裏

框　三和土　手水鉢　数寄屋

リビングも昔は居間だった

閂　竈　柴門　矢来　虎落

葭簀　冠木門　浮御堂　枝折戸　四阿

建築庭園

かけい 節を抜いた竹で作った水を通すための樋

ひさし 窓や縁側、出入口に差し出した片流れの小屋根

はふ 屋根の切妻についている山形の板。また、その場所

いらか 家の上棟／屋根の煉瓦。また、瓦葺の屋根

なんど 衣類、調度を納めておく室。中世以降は物置のこと

せっちん 便所。元来は禅宗寺院における便所をいう。**せついん**

あぜくら 三角材・丸材・角材を水平に井桁に積み重ねた倉

がらん 僧侶たちが住んで仏道を修行する清浄閑静なところ

くり 寺の台所／寺のなかで住職やその家族の居住部分

かまち 床・縁のへりを隠す化粧横木　▽上がり～(がまち)

たたき 玄関、台所などの、セメント・土で固めた土間

ちょうずばち 手、顔などを洗う水を入れておくための鉢

すきや 茶室。茶席、勝手、水屋などが一棟に備わった建物

かんぬき 門扉の金具に通して、戸が開かないようにする横木

かまど 土・石・煉瓦などで築き、その上で煮炊きする設備

さいもん 柴の扉。柴の戸。柴門。転じて、わびずまい

やらい 竹や丸太を縦横にあらく組んで作った仮の囲い

もがり 戦時、先を尖らせた竹を組み合わせて作った防御用柵

よしず 葦を編んで作ったすだれ。日除けなどに用いる

かぶきもん 冠木を二本の柱の上方に渡した屋根のない門

うきみどう 琵琶湖の水面に浮かんだように作った臨済宗の仏堂

しおりど 竹または木の枝を折りかけて作った簡単な押し開き戸

あずまや 四方へ軒を吹き下ろした家／屋根を柱で支えた小屋

生地衣装

束帯
狩衣
直垂
袿

別珍
水干
十二単
唐衣
汗衫

繻子
刺子

襤褸は着てても心は錦……

縅
裲襠

緞子
更紗
絣
衣桁
一張羅

縮緬
臈纈
晒し
帖
襤褸

生地衣装

べっちん
綿ビロード。婦人服・子供服・下駄の鼻緒・足袋などに

しゅす
絹織物の一種。なめらかで光沢がある。サテン

どんす
絹の紋織物。表裏に紋様があり、光沢がある。帯に

ちりめん
撚りのある生糸とない生糸で、シワをたたせた絹織物

そくたい
礼服を着、大帯をつけること／平安時代以降は朝服

すいかん
糊を用いず、水張りにして乾かした絹／狩衣系の装束

さしこ
綿布を重ね合わせて、一面に細かく刺し縫いしたもの

さらさ
花鳥・動物・人物などを捺染した綿布・絹布

ろうけつ
蝋や樹脂などで防染し、ヒビ入りの模様を作る染め

かりぎぬ
平安時代の公家の常用服。もとは狩のときに用いた

じゅうにひとえ
女房装束の俗称。単衣の上に重袿を十二領重ねて着る

かすり
輪郭がかすれた模様の織物、染め模様。伊予絣など

さらし
さらして白くした綿布または麻布。現在は綿布に限る

ひたたれ
垂領式の上衣で、袴と合わせて武家の代表的衣服

からぎぬ
中古の朝廷に仕える女官の正式の表衣。丈が短く半袖

おどし
鎧の札を糸や細い革でつづること。緒通しの意

いこう
鳥居に似た形の着物などをかけておく家具。衣架(いか)

たとう
厚紙に渋や漆を塗り、和服や結髪の道具をしまうもの

うちき
平安時代の貴婦人の服／男子の狩衣などの下に着た服

かざみ
汗取りの単衣の短衣。平安時代以降、官女・童女の上衣

うちかけ
上代、朝廷儀式での武官の服。近世、上流婦人の上着

いっちょうら
自分の着物のなかで上等のもの。ただ一枚の晴れ着

ぼろ
使い古し、破れたりした役に立たない布、または着物

和装和髪

足袋

鞐

草鞋

脚絆

袈裟

作務衣

袴

元結

股引

法被

褌

時代劇はお好き？

丁髷

月代

半纏

襷

櫛

髷

鬢

褞袍

襦袢

釵

桃割

鬘

和装和髪

けさ
僧が衣の上に左肩から右わき下にかける布

はっぴ
印半纏／武家の中間が着た裾の短い羽織風のもの

はんてん
羽織に似るが、襠、襟の折り返し、胸紐もない衣服

どてら
普通の着物より大きく仕立て、綿を入れた広袖の着物

たび
親指の分かれた袋状の布製履物。和装のとき用いる

さむえ
僧が作務のときに着る上下二部式の衣服。主に木綿

ふんどし
男子の下着のひとつ。腰を覆う帯状の布。**たふさぎ**

たすき
衣服の袖をたくしあげるため肩から脇にかけて結ぶ紐

じゅばん
和装用の下着の一種で肌につけて着る。**ジバン**

こはぜ
足袋や脚半などの合わせ目をとめる爪形のとめ具

かみしも
上衣と袴／江戸時代は同色の肩衣と袴の武士の礼装

くし
頭髪をすいたり、髪飾りにする道具。材は竹・黄楊など

かんざし
婦人の頭髪にさす装飾品。かみさしの転

わらじ
ワラで足形に編み、つま先に緒をつけた履物

もっとい
髪を束ねたもとどりを結ぶ細い糸・紐。**たぶさ**

ちょんまげ
額髪を広く剃り、髷を前に曲げて作ったもの

まげ
髪を頭上に束ね、後方へ、さらに前に折り曲げたもの

ももわれ
髪を左右に分けて束ね、後頭上部で輪にする日本髪

きゃはん
旅をするときなど歩きやすくするためにに脛にまとう布

ももひき
足にぴったりするズボン形の衣服。パッチ、ズボン下

さかやき
男の髪を頭の中央にかけて半月形に剃り落としたもの

びん
頭の左右側面の髪。揉み上げの少し上の部分

かつら
扮装のため、また美容上の目的で用いる、にせの頭髪

日常什器

団扇

蚊帳

蠅帳

薬罐

筵

湯湯婆

蚊遣

卓袱台

急須

茣蓙

炬燵

昭和は遠く……絶滅寸前商品も

行李

俎

絨緞

懐炉

行火

行灯

簀子

毛氈

焜炉

炭団

杓文字

束子

日常什器

うちわ
骨は本来竹製。プレミア商品人気で絶滅しない

かや
蚊を防ぐために吊り下げて寝床をおおう麻布や絽

はいちょう
蠅を防ぐ戸棚。紗や金網を張って通風をよくした

やかん
銅・アルマイトなどで鉄瓶の形に作った湯沸しの容器

むしろ
イグサ・スゲ・藁などを編んだ敷物。農作業には必須

ゆたんぽ
湯を入れ暖をとる道具。これでよく火傷をした

かやり
煙をくゆらし蚊を追い払う道具。豚の形が一般的

ちゃぶだい
食事用の低い卓。星一徹がひっくり返すのはこれ

きゅうす
葉茶を入れ、湯をさして煎じ出すのに使う小さな土瓶

ござ
イグサの茎で編んで、縁をつけた敷物

こたつ
電気化して今も人気。青春の思い出の小道具のひとつ

こうり
柳・竹・籐で編んだ物入れ。旅にもよく使われた

まないた
食物を包丁で切るときに使う板、または台

じゅうたん
敷物として使う厚手の毛織物。**カーペット**

かいろ
懐に入れて暖をとる道具。使い捨てカイロは人気

あんか
炭火を入れて手足を温める道具。外は木製または土製

あんどん
木枠に紙を貼り、なかに油皿を置いた灯火具

すのこ
風呂場などで使う竹や板などを透かして張ったもの

もうせん
羊・ラクダの毛を絡み合わせたフェルト製の敷物

こんろ
土や金属で作り、煮炊きに用いる持ち運びできる炉

たどん
[寸]木炭、石炭の粉末を丸めて乾かした燃料

しゃもじ
飯や汁をすくうための木製の道具。杓子の女房詞

たわし
藁・シュロなどを束ねて、器物を洗いみがく道具

男の道具

日曜大工じゃ無縁のものも

鋸
鉋
鉞
魚籠
鏝
鏨
大鋸屑
鉈
銛
鑢
鑿
剪刀
剃刀
錐
曲尺
撥条
匕首
半田
蝶番
鎹
捩子
骰子
刷毛

男の道具

こて
泥・しっくい・セメントなどを塗る左官用具

やすり
鋼棒に突起を多数つけ、工作物の面を平らにする用具

きり
先端のとがった鉄棒に柄をつけ、穴をあける道具

ちょうつがい
開き戸や開き窓、箱などにつけて開閉させる金物

のこぎり
鋼板の縁に歯をつけ、焼き入れして硬い刃にしたもの

たがね
金工用の鋼製ののみ／鍛冶などで材料を打ち切る刃物

のみ
木材を削ったり、穴をあける道具。刃と柄からなる

かねじゃく
直角に曲がった金属製の物差し。木工職人などが使う

かすがい
材木をつなぎとめるコの字形の先のとがった金具

かんな
木材の表面を平滑に削るための木工用の道具

おがくず
鋸で木材を切るときにできる屑。ひきくず。のこくず

ばね
鋼などの弾性を利用し、力を蓄積、吸収させるもの

ねじ
物をしめつけるためのらせん状の溝のあるもの

まさかり
主に木を切り倒すのに用いる、斧に似た大型の道具

なた
短く、刃の肉の厚い刃物。薪などを割るのに使う

はさみ
二枚の刃で挟むようにして物を切る道具

あいくち
短刀で鍔のないもの。懐に呑むのに都合がいい。ドス

さいころ
賽子とも。向かい合った数の合計は七になる

びく
とった魚を入れる器。籠びく・箱びく・桶びくなど

もり
槍状の漁具。マグロ・カジキ・クジラ漁などに使う

かみそり
頭髪・髭などを剃るのに用いる鋭利な刃物

ハンダ
錫と鉛を主成分とする合金。金属の接合材に用いる

はけ
糊・漆・塗料などを塗る獣毛・合成繊維で作った道具

風雨雪氷

時化

旱

霙

氷柱

霾

颪

陽炎

霰

斑雪

風巻

飆

北風と西風は普通に読む

雹

風花

疾風

凩

五月雨

霖雨

雫

東風

南風

叢雨

沛雨

靄

風雨雪氷

しけ
海上で、台風や低気圧などによって起こる悪天候

ひでり
日照り、旱魃（かんばつ）。晴天が続き、水が涸れること

みぞれ
雪がとけかけて雨まじりに降るもの。氷雨

つらら
落ちる水が凍って、軒、岩に棒のように垂れ下がるもの

つちふる
黄砂現象。春の偏西風に運ばれた黄土で空が黄ばむ

おろし
山から吹き下ろす風。とくに太平洋側の冬の季節風

かげろう
日射の強い春の日などに物の形が揺らいで見える現象

あられ
雪の結晶に過冷却の水滴が付着して降るもの

はだれ
はらはらとまばらに降る雪／うっすら積もった雪

しまき
風の激しく吹きまくること。その風。シは風の古語

つむじかぜ
渦のように巻いて吹き上がる風。街角などによく発生

ひょう
氷の粒状のかたまり。多く、雷雨とともに降る

かざはな
初冬の風にのって雪または雨のちらちらと降ること

はやて
急に激しく吹く風。降雨・降雹をともなうことも

こがらし
秋から初冬にかけて吹く、強く冷たい北寄りの季節風

さみだれ
陰暦五月ごろの長雨。また、その時期。つゆ

りんう
幾日も降り続く長雨。梅雨、春霖、秋霖などをいう

しずく
水や液体の滴り落ちる粒。～が垂れる

こち
春に東方から吹いてくる風。ひがしかぜ。春風

はえ
夏の南からの季節風。中・四国・九州地方での呼び名

むらさめ
短期的に強く降る雨。強くなったり、弱くなったりする

はいう
沛然と降る雨。さかんに降る雨

もや
大気中に低く垂れこめた細霧・煙霧など。～がかかる

数／単位

吋　呎　碼　哩

粍　糎　立　瓦　瓩

厘　分　匁　貫

毛　勺　合　升　斗

寸　尺　間　町　里

昔は百貫デブ
と言ったなあ

数／単位	**インチ** ヤード・ポンド法の長さの単位。二・五四cm	**フィート** ヤード・ポンド法の長さの単位。一二吋。三〇・四八cm	**ヤード** ヤード・ポンド法の長さの単位。三呎。九一・四四cm	**マイル** ヤード・ポンド法の距離の単位。約一・六km
ミリ 単位で千分の一を表わす／ミリメートルの略	**センチ** 国際単位で百分の一を表わす／センチメートルの略	**リットル** メートル法の体積の単位。一〇〇〇ミリリットルにおなじ	**グラム** メートル法の質量単位。一gは国際kg原器の千分の一	**キログラム** メートル法の質量の基本単位。一kgは一〇〇〇g
りん 尺貫法の長さ・重さの単位。百分の一／割合の単位	**ぶ** 尺貫法で尺の十分の一／江戸時代の貨幣単位		**もんめ** 尺貫法で重量の単位。三・七五g。貫の千分の一	**かん** 尺貫法の重量の基本単位。三・七五kg。一〇〇〇匁
もう 割・寸・匁などの千分の一　▽打率三割七分八厘五毛	**しゃく** 尺貫法の容積の単位。約〇・〇一八リットル／面積の単位	**ごう** 容積または面積の単位。升の十分の一、勺の十倍	**しょう** 尺貫法の容積の基本単位。一升は約一・八リットル	**と** 穀物や飲み物をはかる単位。一斗は一升の十倍
すん 尺貫法の長さの単位。尺の十分の一。約三・〇三cm	**しゃく** 尺貫法の長さの単位。十寸。約三〇・三cm	**けん** 尺貫法の長さの単位。六尺。約一・八一八m	**ちょう** 尺貫法の距離の単位。六〇間。面積の単位では三千坪	**り** 尺貫法の距離の単位。三六町。約三・九二七km

伝統色

珊瑚
牡丹
臙脂
海老茶

桜
紅梅
躑躅
蘇芳
葡萄

曙
撫子

昔の色の名は風流です

丹色
檜皮

鴇
一斤染
深紅
緋色
真朱

退紅
梅鼠
茜
猩猩緋
栗梅

伝統色

	さくら ヤマザクラの花のような淡紅色。日本の春の代表色	**あけぼの** 夜明けの空の色の染色の色名。紫みがかったピンク	**とき** トキの翼の内側や風切り羽、尾羽のような淡紅色	**あらぞめ** 薄い紅染のピンク。色あせた紅染の意。たいこう
さんご 装身具などの赤珊瑚のような色。コーラルピンク	**こうばい** 紅梅の花のような明るい紅染の色。紫みのあるピンク	**なでしこ** ナデシコの花のような紫みのある薄紅色。石竹色	**いっこんぞめ** ベニバナ一斤で絹一疋を薄紅色に染めること	**うめねず** 灰色がかったピンク。梅は紅梅に由来する赤の形容
ぼたん 紫みのある紅染の華やかな赤紫を表わす伝統色名	**つつじ** 赤ツツジの花のような紫みのある赤。アゼイリア		**こきくれない** ベニバナで染めた濃い紅色。「真紅」とも書く	**あかね** アカネの根で染めた色。赤色がやや沈んだ色。暗赤色
えんじ 紫と赤を混ぜた黒みがかった濃い紅色	**すおう** マメ科の木・蘇芳の煎汁で染めた暗い紫み赤	**にいろ** 丹は赤土のこと。一般には酸化鉛の鉛丹の色をさす	**ひいろ** さえた黄みのある赤。古代は茜染の鮮やかな赤	**しょうじょうひ** 空想上の猿に似た猩猩の血で染めたという緋色
えびちゃ 古代の葡萄色が近世、イセエビの殻に似た色に変化	**えび** ヤマブドウのエビカズラの実の熟したような色	**ひわだ** ヒノキの樹皮のような暗い暗褐色を表わす古い伝統色	**まそほ** 天然の硫化水銀原鉱から作られた顔料。辰砂ともいう	**くりうめ** 栗色を帯びた赤茶色。ウメの木の皮を染料にしていた

伝統色

朽葉　鳶色　練色　黄櫨

赤香　赤朽葉　涅色　鳥の子　桑染

黄丹　萱草

染めの材料は植物が中心だ

梔子　枯色

薄香　赤白橡　白茶　山吹　利休茶

香色　丁子　黄櫨染　黄蘗　黄橡

伝統色

くちば
秋の落ち葉の色を表わす王朝風の優雅な色

とびいろ
トビの羽のような黒褐色。江戸時代の代表的な茶色

ねりいろ
練りあげた生糸の漂白する前の絹糸の色。淡黄色

はじ
茶色がかったくすんだ黄色。ヤマハゼの心材が染料

あかごう
薄い丁字染が香色。そのなかで赤みの増したもの

あかくちば
朽ちようとする落ち葉の色。朽葉色より赤みが強い

くりいろ
クリの実の皮のようなくすんだ暗褐色。焦げ茶色

とりのこ
鶏卵の殻のような色。淡黄色。エッグシェル

くわぞめ
クワの木の汁で染めた薄黄色のくすんだ色

おうに
クチナシに紅を重ねた橙色。皇太子の服の色とされた

かんぞう
ユリ科のカンゾウの花の色。やや黒みを帯びた黄色

くちなし
クチナシの果実で染めた、赤みを帯びた濃い黄色

かれいろ
冬枯れの草のようなくすんだ黄系統。枯れ草色とも

うすこう
香料のチョウジを用いて、淡い黄褐色に色づけた染色

あかしろつるばみ
ハゼの下染めの上に茜を薄くかけた淡褐色

しらちゃ
茶色の薄い染色を江戸時代に白茶と呼んだ

やまぶき
黄色。黄金色　黄色を表わす伝統色の代表的なもの

りきゅうちゃ
大茶人・千利休が好んだといわれる緑みの茶

こういろ
チョウジを染料として染めた薄茶色の伝統色

ちょうじ
香染（薄赤に黄を帯びた色）のやや色の濃いもの

こうろぜん
赤茶色。ハゼの若芽の煎汁に蘇芳を重ね染めした色

きはだ
ミカン科の落葉高木キハダの内皮で染めた色。黄色

きつるばみ
くすんだ、にぶい古色の輝きをもつ黄金色。木蘭色

伝統色

柳葉
浅葱
納戸
竜胆

若苗
海松
水浅葱
藤色
桔梗

萌葱
木賊

平安時代、紫は色の王者

藤紫
菖蒲

苗色
青白橡
露草
薄色
若紫

苔色
青磁
縹色
紫苑
棟色

伝統色

やなぎは
柳の葉のような柔らかな黄緑色。柳色・柳染めとも

あさぎ
薄いネギの葉の色。緑と青の中間の青緑色

なんど
藍染めのにぶい青。納戸の暗がりの色に由来する

りんどう
リンドウの花のような青紫。ジェシアンブルー

わかなえ
イネの若苗のような色で、平安以来の伝統色のひとつ

みる
磯の岩に生える海藻の色からつけられた暗い黄緑色

みずあさぎ
水色に近い浅葱色。藍の染料を水増しして薄めた色

ふじいろ
フジの花からつけられた名。婦人の着物に愛用される

ききょう
キキョウの花の青紫色。秋に着る服飾の色とされた

もえぎ
ネギの萌え出る色を連想させる青と黄色の間の色

とくさ
茎の固い多年草、トクサからの色。黒みを帯びた緑色

ふじむらさき
藤色よりやや紫の強い染色。復古的気分を表わす色

しょうぶ
アヤメやハナショウブの花を表わす青紫。アイリス

なえいろ
イネの苗のような萌黄色。夏の色とされた

あおしろつるばみ
カリヤスと紫根による緑みの灰色に近い染色。山鳩色

つゆくさ
藍花とか青花ともいわれる草花の青色

うすいろ
薄い紫色。平安時代は最高位の深紫につぐ序列

わかむらさき
明るい紫色。「藤の花～に染めて見ゆらむ」

こけいろ
コケの色に似た柔らかな黄緑色。モスグリーン

せいじ
中国で古代から作られてきた青磁の色に似た色

はなだいろ
純粋な藍染め青色。昔はツユクサの汁で染めた

しおん
シオンの花にちなんで名づけられた薄紫色。

おうちいろ
おうちはセンダンの古名。初夏に咲く淡紫の花の色

伝統色

二藍　半色　鈍色　芝翫茶

菫　江戸紫　柴色　青鈍　団十郎茶

杜若　京紫

江戸時代、鼠色が大流行

黒橡　梅幸茶

滅紫　古代紫　素鼠　銀鼠　新橋

深紫　卯の花　白鼠　利休鼠　生壁

伝統色

すみれ
スミレの花のような濃い紅紫色。バイオレット

かきつばた
カキツバタの花に似た紫色。パンジーの色にも似る

けしむらさき
高温による紫根染めでできる暗い灰色みの紫色

こむらさき
臣下の最高位を象徴した暗い紫色。黒紫とも書かれた

ふたあい
ベニバナの紅とアイの青で染めた色。赤みのある青色

えどむらさき
ムラサキグサを染料に江戸で染めた藍色がかった紫色

きょうむらさき
江戸紫に対する伝統的京の紫。古代紫の系統

こだいむらさき
江戸紫・京紫と区別した、日本古来のくすんだ色の紫

うのはな
雪のように白い花卯の花から。白さを表現する色

はしたいろ
どの名でも呼べない中途半端な色。とくに紫の中間色

ふしいろ
柴木の煎汁で染めた灰色みのくすんだ黄褐色

すねずみ
混じり気のない無彩色のねずみ色。江戸時代の呼称。

しろねず
白に近い輝きのあるねずみ色。江戸時代の呼称。銀色

にびいろ
薄墨に藍をさして染めた染色。昔、喪服に用いた

あおにび
緑みの暗い灰色。黒染にツユクサや藍をさして染める

くろつるばみ
ドングリのかさを煮た汁で染めた色。青みの黒色

ぎんねず
ねずみ色で白鼠につぐ明るい灰色。シルバーグレー

りきゅうねずみ
利休色（緑を帯びた灰色）のねずみ色を帯びたもの

しかんちゃ
三世中村歌右衛門が好んで使った桃色がかった茶色

だんじゅうろうちゃ
市川団十郎が代々用いる成田屋の茶色。柿渋色

ばいこうちゃ
初代尾上梅幸の名からとられた江戸時代の役者色

しんばし
明治から大正、新橋の芸者に流行った冷たい青色

なまかべ
生乾きの土壁に似た、濃い藍ねずみ色

古今難読人名

日本武尊

蘇我蝦夷

在原業平

稗田阿礼

正親町天皇

源順

役小角

坂上郎女

有栖川熾仁親王

一青窈も難しいけど

大岡忠相

松平保容

鳥居強右衛門

陸羯南

長谷川如是閑

幣原喜重郎

朱楽菅江

大佛次郎

南方熊楠

阿南惟幾

古今難読人名

やまとたけるの みこと
大和国家成立期の伝説的英雄。景行天皇の子。熊襲・蝦夷討伐

そがの えみし
古代の中央豪族。推古天皇以下三代の大臣。馬子の子

ありわらの なりひら
平安初期の歌人。六歌仙の一。「伊勢物語」の主人公(?) 美男で有名

ひえだの あれ
天武天皇の舎人。抜群の記憶力で、帝紀・旧辞を誦習

おおぎまちてんのう
第一〇六代の天皇。皇室衰退のため、毛利元就の献上金で即位

みなもとの したごう
平安中期の歌人・学者。三十六歌仙のひとり。著「和名類聚抄」

えんの おずぬ
役行者の別称。奈良時代の山岳修行者。修験道の祖

さかのうえの いらつめ
大伴坂上郎女の別称。奈良時代の歌人。旅人の妹、家持の伯母

ありすがわ たるひとしんのう
明治初期に活躍した皇族。王政復古で総裁職に就任

おおおか ただすけ
江戸中期の江戸町奉行。徳川吉宗によって抜擢。名奉行

まつだいら かたもり
幕末の会津藩主。京都守護職として、公武合体を推進

とりい すねえもん
戦国時代の武士。長篠の合戦で活躍、磔殺される

くが かつなん
評論家。津軽藩出身。新聞「日本」を創刊して国民主義を鼓吹

はせがわ にょぜかん
評論家・ジャーナリスト。自由主義的な文明批評で知られる

しではら きじゅうろう
外交官・政治家。ワシントン軍縮会議の全権委員。のち首相

あけら かんこう
江戸後期の狂歌師・戯作者。幕臣。本名、山崎景貫

おさらぎ じろう
小説家。鞍馬天狗ものや『赤穂浪士』、現代小説『帰郷』など

みなかた くまくす
民俗学者・博物学者。諸外国語・民俗学・考古学に精通

あなみ これちか
陸軍大将。終戦時の陸軍大臣。ポツダム宣言に反対、自決

古今難読書名

歎異抄

暴夜物語

椿説弓張月

春色梅児誉美

女殺油地獄

義経記

一谷嫩軍記

入唐求法巡礼行記

傾城反魂香

日本の作品ばかりでは

伽羅先代萩

人肉質入裁判

妹背山婦女庭訓

与話情浮名横櫛

直毘霊

魯敏遜漂流記

蹇蹇録

三人吉三廓初買

陰翳礼讃

安愚楽鍋

古今難読書名

たんにしょう
親鸞の語録。親鸞の没後、弟子唯円の編といわれる

アラビアンナイト
アラビア語の説話集成。才女が王に千一夜にわたって話をする

ちんせつゆみはりづき
滝沢馬琴の読本(よみほん)。葛飾北斎画。源為朝の武勇伝

しゅんしょくうめごよみ
為永春水作の人情本。美男子丹次郎と深川芸者米八との恋愛物

おんなころしあぶらのじごく
浄瑠璃のひとつ。近松門左衛門の世話物。享保六年初演

ぎけいき
源義経の生涯を中心とする軍記物語。作者未詳。室町初期成立

いちのたにふたばぐんき
人形浄瑠璃・歌舞伎時代物。熊谷次郎が平敦盛を討つ話

にっとうぐほうじゅんれいこうき
円仁(慈覚大師)著の紀行。遣唐船で入唐し帰国までの物語

けいせいはんごんこう
人形浄瑠璃・歌舞伎脚本。近松門左衛門作。吃の又平伝など

めいぼくせんだいはぎ
人形浄瑠璃・歌舞伎時代物。伊達騒動を描く

ベニスの商人
シェークスピアの喜劇。人肉の抵当など伝奇物を巧みに統一

いもせやまおんなていきん
人形浄瑠璃時代物。藤原鎌足が蘇我氏を滅ぼす話

よわなさけうきなのよこぐし
歌舞伎世話物。三世瀬川如皐作。お富・与三郎で有名

なおびのみたま
神道書。本居宣長著。神道論・国体論を述べたもの

ロビンソンクルーソー漂流記
デフォー作。無人島に漂着した船員の自給自足生活を描く

けんけんろく
陸奥宗光の回顧録。日清戦争前後の陸奥外交の全貌を記述

さんにんきちさくるわのはつがい
河竹黙阿弥作の世話物。お坊・和尚・お嬢吉三の事件もの

いんえいらいさん
谷崎潤一郎作。日本文化の本質を表現した傑作

あぐらなべ
滑稽小説。仮名垣魯文作。文明開化の風俗を描いたもの

和洋折衷

喞筒

仮漆

虎列剌

淋巴

喇叭

火熨斗

鍍金

窒扶斯

加答児

自鳴琴

洋提

煙草や珈琲も外来語だけど

護謨

混凝土

洋琴

手風琴

瓦斯

煙管

骸炭

風琴

口風琴

洋燈

燐寸

鉄葉

和洋折衷

ラッパ
原始的な無弁のトランペット／金管楽器の総称

オルゴール
円筒に植えられたピンが金属音階板を鳴らす自動楽器

ピアノ
鍵を叩くとハンマーが弦を打つ、鍵盤つき打弦楽器

オルガン
風を送って音を出す鍵盤楽器。リードとパイプがある

ポンプ
液体を低所から高所に上げたり、送ったりする装置

アイロン
衣類のしわを伸ばし、形を調える器具／調髪用のこて

バイオリン
胴に張った四弦を弓でこすり演奏する擦弦楽器

アコーディオン
蛇腹を両手で伸縮させ、鍵盤やボタンで演奏する楽器

ハーモニカ
真鍮のリードがある長方形の楽器。呼気、吸気で演奏

ニス
顔料を含まず透明な塗膜を作る塗料。ワニスの略

メッキ
金属製品の表面を他の金属の薄膜でおおう方法

ガス
気体／石炭ガス・天然ガスなど、燃料用の気体

ランプ
石油などを燃料に、芯を挿入して火を点した照明具

コレラ
急性激烈で、発熱、嘔吐、下痢が主症状。法定伝染病

チフス
チフス菌によって起こる伝染病。法定伝染病

ゴム
弾性を示す高分子化合物の総称。天然と合成がある

キセル
刻みタバコをつけて火を点じ、その煙を吸う道具

マッチ
発火剤のついた軸木を摩擦して火をつける道具

リンパ
身体のリンパ管を流れ、細菌の感染防止をする液体

カタル
下に流れるという意。粘膜から粘液が滲出する炎症

コンクリート
セメント・水・砂・砂利を混ぜてかたまらせたもの

コークス
石炭を乾留してできる多孔質の固体。火力の強い燃料

ブリキ
錫を電気メッキした薄鋼板。缶詰・王冠・玩具などに

和洋折衷

翠玉

石榴石

青玉

橄欖石

金剛石

紫水晶

紅玉

蛋白石

黄玉

硝子

羅紗

誕生石に生地
歴史上の人物

林肯

緑柱石

天鵞絨

線滞

克利奥佩特剌

閣龍

卓別麟

襯衣

莫大小

該撒

愛迪生

拿破侖

和洋折衷

ダイヤモンド
炭素だけからなる正八面体結晶の鉱物。四月の誕生石

ガラス
石英・ソーダなどを高温で溶かし、冷却した物質

ビロード
パイル織物。柔軟な感触・光沢・保温力がある

シャツ
上半身に着る肌着／ワイシャツなどの中着と上着

エメラルド
緑色の光沢のある宝石。緑柱石の一種。五月の誕生石

アメジスト
紫水晶。装身具に用いられる。二月の誕生石

ラシャ
羊の毛で織る、目のつまった、地の厚い織物

レース
糸を編みあわせ、透かし目の多い模様を表わしたもの

メリヤス
綿糸、毛糸などを、編み物用機械で伸縮よく編んだもの

ガーネット
珪酸塩鉱物。半透明で深い紅色。一月の誕生石

ルビー
鋼玉の一種。透明な濃い紅色。七月の誕生石

クレオパトラ
古代エジプト、プトレマイオス朝の最後の女王

シーザー
カエサルの英語読み。古代ローマ共和制末期の政治家

サファイア
鋼玉の一種。青色透明のガラス光沢。九月の誕生石

オパール
含水コロイド珪酸鉱物。十月の誕生石。たんぱく石

リンカーン
アメリカ合衆国第十六代大統領。奴隷解放に成功

コロンブス
イタリアの探検・航海家。アメリカ大陸を発見

エジソン
アメリカの発明家。電信機・電話機・蓄音機などを発明

ペリドット
橄欖石のなかの宝石。美しい暗緑色。八月の誕生石

トパーズ
弗素とアルミニウムの珪酸塩鉱物。十一月の誕生石

アクアマリン
緑柱石で、スカイブルー、透明のもの。三月の誕生石

チャップリン
イギリスの映画俳優・監督。喜劇の王者

ナポレオン
フランスの皇帝。ナポレオン法典を編纂

和洋折衷

朱欒
乾酪
麦酒
酒精

鳳梨
柯柯阿
牛酪
三鞭酒
麺麭

赤茄子
阿列布

野菜果物実花
食卓の必需品

肉刀
肉叉

扁桃
花椰菜
球菜
和蘭芹
手巾

石刀柏
青豆
清正人参
風信子
木春菊

和洋折衷

パイナップル　ブラジル原産の常緑多年草。松かさ状果実は多汁美味

トマト　ナス科の一年生果菜。ファースト・チェリーと多品種

アーモンド　バラ科の落葉高木。果実は桃に似て、種子内を食用

アスパラガス　ユリ科の多年草。若い茎を生食。観賞用もある

ザボン　グレープフルーツ、八朔と似て、果肉は大きく黄色

カカオ　アオギリ科の常緑高木。種子はココアなどの原料

オリーブ　モクセイ科の常緑小高木。果実は食用、油もとれる

カリフラワー　キャベツの変種。中心部の白色の蕾を食用。花甘藍

グリーンピース　青豌豆。また色止めを行なってから缶詰加工したもの

チーズ　牛などの乳を乳酸菌などで凝固・発酵させた乳製品

バター　牛乳から分離したクリームを攪拌し練り上げた乳製品

キャベツ　アブラナ科。ヨーロッパ原産。葉は球する。甘藍

セロリ　セリ科。加藤清正が朝鮮から持ち帰ったといわれる

ビール　大麦の麦芽を主原料に、ホップを加えて発酵させた酒

シャンパン　フランス・シャンパーニュ産の発泡性ワイン

ナイフ　西洋式の小刀。果物ナイフ・ペーパーナイフなど

パセリ　セリ科。地中海地方原産。葉には爽快な香味がある

ヒヤシンス　ユリ科。春、青・紫・紅・白などの花をつける

アルコール　炭化水素の水素原子を水酸基で置換した化合物／酒

パン　小麦粉を練り、イーストを加え発酵させて焼いたもの

フォーク　食物を押さえたり、突きさしたりする洋食器

ハンカチ　手ふき・汗ふきや衣服の装飾にも使う方形の布

マーガレット　キク科。カナリア諸島原産。白・黄の花をつける

外国国名

まず欧羅巴（ヨーロッパ）と阿弗利加（アフリカ）の国名。英独仏……

氷島	西班牙	
白耳義	希鑞	露西亜
蘇丹	墺太利	和蘭
仏蘭西	愛蘭	伊太利
芬蘭		波蘭
突尼斯		洪牙利
独逸	羅馬尼亜	丁抹
勃牙利	瑞典	葡萄牙
瑞西	英吉利	埃及
利比亜	諾威	馬爾太

アイスランド 北欧。直訳です（笑）	**スペイン** 南欧	**外国国名**
ベルギー 中欧 中国では比利時	**ギリシア** 南欧	**ロシア** 東欧
スーダン 北アフリカ	**オーストリア** 中欧	**オランダ** 中欧。阿蘭陀とも
フランス 中欧	**アイルランド** 中欧	**イタリア** 南欧
フィンランド 北欧	サッカーやラグビーでおなじみのイングランドは英蘭、スコットランドは蘇格蘭、ウェールズは威勒士（一番強そう）	**ポーランド** 東欧
チュニジア 北アフリカ		**ハンガリー** 東欧 中国では匈牙利
ドイツ 中欧	**ルーマニア** 東欧	**デンマーク** 北欧
ブルガリア 東欧	**スウェーデン** 北欧	**ポルトガル** 南欧
スイス 中欧	**イギリス** 正式名グレートブリテン……は大不列顛	**エジプト** 北アフリカ
リビア 北アフリカ	**ノルウェー** 北欧	**マルタ** 南欧。地中海の島国。1964年、英から独立

外国国名

土耳古　新嘉坡

玖瑪　伯剌西爾　比律賓

哥倫比亜　越南　委内瑞拉

智利　阿富汗斯坦　泰

捏巴爾　波力斐

加奈陀　墨西哥

亜細亜（アジア）、大洋州、南北亜米利加（アメリカ）。けっこう難問！

緬甸　豪斯多拉利　海地

秘露　牙買加　叙利亜

柬埔寨　印度　巴奈馬

新西蘭　亜爾然丁　莫臥児

<table>
<tr><td>トルコ
西アジア</td><td>シンガポール
東南アジア</td><td>外国国名</td></tr>
<tr><td>キューバ
中米・カリブ海
中国では古巴</td><td>ブラジル
南米
中国では巴西</td><td>フィリピン
東南アジア</td></tr>
<tr><td>コロンビア
南米</td><td>ベトナム
東南アジア</td><td>ベネズエラ
南米</td></tr>
<tr><td>チリ
南米</td><td>アフガニスタン
西アジア</td><td>タイ
東南アジア。旧称シャムは暹羅</td></tr>
<tr><td>ネパール
南アジア</td><td rowspan="2">中国では米国を美利堅(めりけん)と書いて美国と略している。決めた人はいまごろ後悔しているんだろうか?</td><td>ボリビア
南米</td></tr>
<tr><td>カナダ
北米</td><td>メキシコ
中米・カリブ海</td></tr>
<tr><td>ビルマ
東南アジア。現在はミャンマー</td><td>オーストラリア
大洋州</td><td>ハイチ
中米・カリブ海</td></tr>
<tr><td>ペルー
南米</td><td>ジャマイカ
中米・カリブ海</td><td>シリア
西アジア</td></tr>
<tr><td>カンボジア
東南アジア</td><td>インド
南アジア</td><td>パナマ
中米・カリブ海</td></tr>
<tr><td>ニュージーランド
大洋州</td><td>アルゼンチン
南米
中国では阿根延</td><td>モンゴル
東アジア
中国では蒙古</td></tr>
</table>

外国都市名

上海や香港なら簡単？　誰でも知ってる大都市ばかりですゾ

雪特尼	雅典	
紐育	舎路	馬尼刺
盤谷	聖彼得堡	薩露
華盛頓	伯林	晩香坡
倫敦		巴里
奄特坦		孟買
羅府	馬徳里	維納
莫斯科	羅馬	市俄古
米蘭	君士但丁	漢堡
桑港	西貢	費府

<table>
<tr><td>シドニー
オーストラリア。2000年五輪開催</td><td>アテネ
ギリシア。五輪発祥の地。2004年開催</td><td>外国都市名</td></tr>
<tr><td>ニューヨーク
ジーン・ケリー主演「踊る大紐育」</td><td>シアトル
アメリカ西海岸の港町。舎路水夫軍？</td><td>マニラ
フィリピンの首都。人口なんと700万</td></tr>
<tr><td>バンコク
タイの首都。東南アジアの中心</td><td>サンクトペテルスブルク
レニングラードからこの旧称に復帰</td><td>カイロ
エジプトの首都。待てば薤露の日和？</td></tr>
<tr><td>ワシントン
アメリカ合衆国の首都。白亜館がある</td><td>ベルリン
巨匠フリッツ・ラング「または伯林＝聖林」</td><td>バンクーバー
太平洋岸にあるカナダの西の玄関口</td></tr>
<tr><td>ロンドン
イギリス。夏目漱石『倫敦塔』</td><td rowspan="2">華盛頓、倫敦、巴里などは屋号でよく見かけるのでおなじみ。伯林もネット検索でヒット数が多い</td><td>パリ
フランス。巴里の空の下セーヌは流れる</td></tr>
<tr><td>アムステルダム
オランダ。世界のダイヤ取引の中心</td><td>ボンベイ
インドではムンバイと発音する</td></tr>
<tr><td>ロサンジェルス
アメリカ西南部の都市中国では洛杉磯</td><td>マドリード
スペイン。マドリーとも。王馬徳里？</td><td>ウィーン
オーストリア。ウインナソーセージの語源</td></tr>
<tr><td>モスクワ
ロシア。昔の表記モスコーのあて字</td><td>ローマ
イタリア。羅はラ行のあて字の定番</td><td>シカゴ
アメリカ。風の強い街。中国では芝加哥</td></tr>
<tr><td>ミラノ
イタリア。世界のファッションの発信地</td><td>イスタンブール
旧称コンスタンティノーブルのあて字</td><td>ハンブルク
ドイツ。Hamburg。ハンバーガーの語源</td></tr>
<tr><td>サンフランシスコ
ゴールデンゲイトブリッジは金門橋</td><td>サイゴン
ベトナム。現在はホーチミンシティ</td><td>フィラデルフィア
1776年、アメリカ独立宣言の地</td></tr>
</table>

外国都市名

古都
亜歴山

聖地
墨加

大学都市
波士敦

聖地
耶路撒冷

聖地
聖林

港町
馬耳塞

港町
威尼斯

港町
那波里

港町
路照

国際政治都市
壽府

国際政治都市
海牙

來因川

達迷斯川

難しいのでヒントつき！　後ろに川や島があるのは都市に非ズ

大学都市
剣橋

大学都市
牛津

多惱川

巴爾幹半島

波斯語

薩哈拉沙漠

羅甸語

馬來半島

爪哇島

高加索山脈

呂宋島

布哇諸島

西蔵高原

戈壁沙漠

アレキサンドリア エジプト。古代最大の図書館があった	メッカ イスラム教の聖地。発祥地の代名詞	**外国都市名**
ボストン アメリカ。ハーバード大学がある	エルサレム キリスト教、ユダヤ教、イスラム教の聖地	ハリウッド 映画の都。Holly(聖)+wood(林)
マルセイユ 地中海に面したフランス最大の港	ベネチア 伊。水の都。英語名ベニスのあて字	ナポリ イタリア。夜景が人気の観光地
ロッテルダム オランダ。EUの玄関口。ユーロポート	ジュネーブ スイス。赤十字など各種国際機関が集結	ハーグ オランダ。国際司法裁判所がある
ライン川 アルプスから北海に注ぐ。歌でも有名	**中国ではアフリカ最南端の喜望峰を好望角と書きます。巧いです。日本で漢字表記をしていたのは戦前です**	ケンブリッジ イギリス。Cam(ケン=剣)+bridge(橋)
テムズ川 ロンドンを流れる川。テームズとも書く		オックスフォード イギリス。Ox(雄牛)+ford(津=港)
ドナウ川 ダニューブ。東欧を横断する大河	バルカン ギリシア・旧ユーゴなど南東欧一帯	ペルシャ イランの旧称。猫や絨緞の名でおなじみ
サハラ砂漠 西アフリカの大砂漠。いまもなお拡大中	ラテン スペイン、イタリアなどの民族の総称	マレー半島 マレーシア。インド洋と南シナ海を分断
ジャワ島 ジャカルタのあるインドネシアの中心	コーカサス山脈 黒海とカスピ海に挟まれた地。カフカス	ルソン島 首都マニラのあるフィリピン最大の島
ハワイ諸島 ご存知常夏のリゾート。中国では夏威夷	チベット高原 中国。標高4000m強の世界一の高原	ゴビ砂漠 モンゴルから中国に広がる大砂漠

大日本帝国海軍の誕生から消滅まで
連合艦隊99の謎
加来耕三 著

なぜ、日清・日露の戦いに連勝した明治の海軍が、昭和に入って大失敗を喫したのか？　本書はこの謎を、「連合艦隊」を中心に解いていく。初めて明かされる新事実も多数紹介。

シャバの常識では考えられない世界
実録！　刑務所のヒミツ
安土　茂 著

ムショの掟から女囚、死刑の裏側、脱獄王、塀の中の紳士録まで……。囚人生活、知られざる留置所・拘置所・刑務所生活の全て、出獄後の実態まで元受刑者が詳しく語る！

獄中生活15年の元受刑者が明かす！
続　実録！　刑務所のヒミツ〈文庫〉
安土　茂 著

重罪人ばかりの大阪拘置所五舎四階、大阪刑務所四区で看守たちからも恐れられた破獄11回におよぶ「脱獄王」のすべてをドキュメント。拘置所、刑務所の秘められた実態が浮かびあがる。

[著者略歴]
出口宗和(でぐち・むねかず)
1945年、大阪生まれ。
立命館大学大学院で故三田村泰助先生に師事、東洋学を学ぶ。歴史出版関係の編集者、筑波博、花博等のプロデューサーをへて、現在、市民塾で東洋学を講義。
主要著書『邪馬台国99の謎』『太平洋戦争99の謎』『三種の神器の謎』『読めそうで読めない漢字の本』(以上、二見書房)。
趣味は、釣りに、落語にタイガース。関係著書も多数あり。
多摩市在住

読(よ)めそうで読(よ)めない
間違(まちが)いやすい漢字(かんじ)

2008年 2月15日 初版発行
2009年 1月10日 6版発行

[著者] 出口 宗和
[発行所] 株式会社 二見書房
東京都千代田区三崎町 2-18-11
電話 03(3515)2311[営業]
03(3515)2313[編集]
振替 00170-4-2639
[編集] オフィス TOMATO
[印刷/製本] 株式会社 堀内印刷所

落丁・乱丁本はお取り替えいたします。
定価は、カバーに表示してあります。
Printed in Japan.
ISBN978-4-576-08005-5
http://www.futami.co.jp

※本書は2003年に二見文庫として刊行された書籍の改装改訂新版です。